元外資系サラリーマンが
おこなう！

40代から始めて100歳までHappyに生きる不動産投資術

「20棟・213室・家賃年収2億円」
大家さんによる成功の法則！

元日本ＩＢＭ勤務
専業大家
白井 知宏
Tomohiro Shirai

はじめに

数ある書籍の中から本書を手に取って下さり、ありがとうございます。
50代の元ＩＢＭ勤務サラリーマン、現在は不動産投資を事業としている白井知宏と申します。

２０１６年に初の著作「元外資系サラリーマンの家賃年収『1億円』構築術」（ごま書房新社）を出版してから早3年が経ちました。

その間、私は物件の売却・購入を行い、今では新築マンション・アパートを中心に、20棟２１３室、家賃年収が2億円以上となっています。現在は規模拡大よりは、次世代への承継を考えて資産の組み換えに注力しています。

さて、最近のトピックとして「老後資金がこれまでと比べ２０００万円不足する」という金融庁の報告があります。超高齢化社会に突入した今、年金だけで豊かに暮らすのは無理というのは容易に想像がつきますし、だからといって、年功序列・終身雇用が崩壊している中で、サラリーマンが潤沢に老後資金を蓄えるというのも現実的な話ではありません。

老後を見据えると、体力的にも人脈的にも、遅くとも50代には行動に移さないと時間的に間に合いません。

つまり、決断の時は40代まで、遅くとも50代前半となります。私も48歳の時には「人生の後半はビジネスオーナーとして生きる！」と決め、試行錯誤を繰り返し今の環境をつくり上げました。

本書はそんな決断の時を迎えている「現役サラリーマン」に向けて、年金不足の高齢化社会を生き抜くためのノウハウをお伝えします。言い変えると、「40歳からはじめて100歳までを「Happyに生きる」ための不動産投資術です。

この行動を成功させるため、まずは自分の人生を二毛作で考えていただく必要があります。

人生の二毛作とは、「50歳で方向転換をして、20歳から50歳まではサラリーマン、50歳から80歳までは自分で事業を行う（ビジネスオーナーに転向する）」ことです。

そして、人生二毛作を成功させる最大の要因は、転身するときにサラリーと同程度の収入源を持っておくことです。

そのためには、40歳から50歳の10年間で、今のサラリーと同額のキャッシュが不動産から得られるよう準備していくのがベストです。

　この準備とは具体的に何をすればいいのか？　本書でわかりやすく解説していきます。

　序章では私自身の10年前と今の対比。私は47歳で不動産投資をスタートさせていますが、その頃と今ではどのような変化があったのかをお伝えします。

　第1章では、なぜ私が10年前に気づくことができたのか。また行動を始めたばかりの頃のアクションを紹介します。

　第2章では、年齢をブロック別に4つに区切って、それぞれのタイミングでどのような動きをすれば良いのかを提案します。

　第3章は、「人生二毛作」の具体的な考え方です。人生を会社員の時代と事業の時代に分けて、現役で充実して働いていける時期を80歳とします。

　第4章は二毛作を実現するために行う不動産投資のノウハウです。不動産投資は長期に渡る事業ですので、10年スパンで計画を立てましょう。

　第5章では、すでに「人生二毛作」を行っている、もしくは準備をしている私の仲間の実績を紹介します。不動産投資をはじめた当初サラリーマンであることが共通項で年齢や性別はバラバラですが、皆さん夢に向かって着実に進んでいる素晴らしい方々です。

不動産投資は、「今すぐ儲かる」「ラクして稼げる」というような手法ではなく、どちらかというと努力をコツコツと積み上げる堅実な投資です。その分だけ再現性の高さには自信があります。

会社ではどんなに真面目に努力しても、そのリターンは自分ではなく会社にあります。しかし、不動産投資なら努力した分はしっかり自分へリターンされます。それは不動産投資だけに限らず、自分で行う事業全般に言えることかもしれません。

会社人間になりすぎると発想が狭くなり、仕事での成果だけで自分を評価しがちです。家族のためだから仕方ない・・・そんな風に、あきらめてしまうこともあるでしょう。

私も一時期はその思考に陥りました。

しかし、あなたの本当の魅力や才能を発揮できる場所は別の場所にあるかも知れません。

私自身、不動産投資に出会い人生が一変しました。いまは夢を追い求め、毎日いかにこれからの人生を楽しむかを、ワクワクしながら考えられるようになりました。

本書では、そんな価値観を変える思考法にもアプローチしていきたいと思います。

40代は「人生の分かれ道」だとよく言いますがまさしくその通りです。

決断ひとつで、「お金が自由になる人・ならない人」、「人生を思う通り生きる人・一生振り回される人」が変わり、その後の未来の明暗を分けます。

本書を手にとった方は、間違いなく「豊か」で「Ｈａｐｐｙ」な人生の入口に到達しています。

そして、これからどのように行動すればいいのか。その具体的な方法が本書にあります。

どうぞ、勢いよくページを読み進めてください！

白井　知宏

【目次】

第2章 40歳のときに60歳から80歳までの生き方を考えましょう！

第3章 不動産投資で成功するため「今、すべきこと」「今、してはいけないこと」

第4章

サラリーマンから不動産事業主へ「白井式・不動産投資」で「人生二毛作」への道

第5章 「白井式・不動産投資術」でHappyに生きる成功者たち!

序章

10年で人生が変わった！
40代　金ナシ・ストレスフル
だった過去の私と、
50代　経済的自由・ストレスフリー
な現在の私

序章では10年前の私と今の私を比較します。

当時、私は47歳でサラリーマンとして働きながら、不動産投資をはじめようかどうか悩んでいました。

部長職に就いて給料も徐々に増えていたのですが、税額もどんどん上がっていきます。そのため、自分で使えるお小遣いは変わらない・・・そんな日々が何年も続いていました。

1 ストレスフルな毎日…10年前のサラリーマン時代の私

10年前の私は都内にマイホームを持てたものの、豪華なタワーマンションの隣のファミリー向けマンションがやっと買える程度でした。

当時、長女は大学に通っていて次女は中学生。娘は2人とも中学から私立に通っていたので、学費も塾代もかなり負担が大きかったです。

今、サラリーマン生活を思い返してみると、仕事はとても楽しく、やりがいもあったのですが、非常にストレスフルな毎日を送っていました。「今日中にあれをやらないといけない」「数字（売上）は月末までにここまで達成しないといけない」というプレッシャーが途絶えることがない状況でした。

私生活も、中学・高校・大学時代の友人とは、ほぼコンタクトを取れておらず、仕事、もしくは趣味のダイビングを通じて知り合った仲が良い人が数名いるくらい。当時の私は、定年退職後の自分の姿をまったくイメージできていませんでした。

私の勤めていた会社の定年退職は60歳でしたが、若いころから先輩に「頑張って働き続ければ、先の生活などどうにでもなる！」と言われ続けていたこともあり、危機感を抱いていなかったのです。

それに加えて、そもそも目の前の仕事が忙しすぎて、老後の生活なんて考える余裕もありませんでした。

また、車が好きだったのですが、愛車に乗れるのは週末のみで、そのためだけに維持費を払うのはもったいないと、35歳で車を持たないと決めました。

そんな私の唯一の楽しみといえば、年に4回行く沖縄でのダイビングでした。沖縄から帰って来るとすぐに「あと3カ月・・・」と指折り数えるほどでした。

ゴルフも嫌いではなく、誘われれば参加するものの、少ない小遣いで貴重な休日を潰してまで行きたいとは思いませんでした。それでも飲み会はほぼ毎日、同僚や部下と行っていました。これも仕事の一環と考えていたのです。

年収は2000万円程度の状況が続いており、当時の金融資産は2300万円ありました。普通の人よりも稼ぎは多かったかもしれませんが、正直、豊かな人生を送れているとは感じられない状況だったのです。

②毎日がストレスフリーでHappy! 夢を追い進める現在の私

かたや今の私は、不動産賃貸を専業にしていて年間の家賃収入は約2億円。そこから残ったキャッシュフローで生活を送っています。不動産は事業ですので、作成した計画に則して賃貸管理・売買を進めています。

サラリーマン時代と比べると流れているお金の総量が大きくなったためお小遣いの

心配は圧倒的に少なくなり、「使ってから考える」という生活ができています。

また前著『元外資系サラリーマンの家賃年収「1億円」構築術』（ごま書房新社）の出版もあり、友だちも大変多くなりました。

ダイヤモンドクラブという会員制の不動産投資家コミュニティを主宰しており、今では20代から70代までの幅広い年齢層の男女280名が在籍し、定期的にイベントや懇親会を開催しています。皆さん不動産に興味を持って積極的に取り組んでいて、情報交換をして学び合いながら人生を前に進めています。

そのほかにもビジネスや投資家のコミュニティに参加しており、そこでも幅広い年齢層の先のコミュニティとはちょっと違った、かなり尖った友だちがたくさんいます。そのため、困ったときや悩んだときにはプロの判断をしてくれる人がいたり、SNSや掲示板などでいつでもすぐに情報を共有できる状況です。

また、「ティーフェローズ」というコミュニケーションスクールにも参加しており、そこでは会長として、また違ったエリアの人脈形成をしています。

そして大好きなダイビングは、今では年間50～80ダイブほど、「行きたいところには必ず行く！」と決めてスケジューリングできるようになりました。

サラリーマン時代は定年後のイメージが描けなかった私ですが、サラリーマンの後半で「80歳まで現役でいく」という人生の計画を決めて、現在は10年単位での中期の計画を立てて目標達成に向けて前進しています。

また、サラリーマン時代は買えなかった（忙しくて乗れなかった）車も、独立後は「自分の夢を叶える」という位置づけで購入しています。現在、車庫にはフェラーリとBMWがあります。

ほかにも、2018年は100日以上、研修と旅行で海外にいました。そこでもダイビングはたくさんしましたし、ゴルフも楽しみました。ゴルフ熱も再燃し、最近では時間がある限り練習場に通っています。ジム通いのおかげで健康も維持できており、お酒も相変わらず毎日飲んでいます。

3 実家の「和菓子屋」と老いた両親。解決策の見えない悩みと不安

10年前の私は解決策の見えない、サラリーマン業とは別の漠然とした大きな悩みと不安を抱えていました。その一つは、遠方で生活する両親のことです。

当時父は78歳、母が75歳。神奈川を代表する温泉地である箱根で、60年続く老舗和菓子屋を経営していました。

箱根は年末年始が繁忙期になります。宿泊のお客様が増え、年越しを旅館で迎えるご家族や、箱根神社に初詣にいらっしゃるお客様。さらに、1月2〜3日には「箱根駅伝」があり、多くのお客様が応援にいらっしゃいます。

実家の和菓子屋は、旅館・茶室で使っていただくお正月用の生菓子、鏡餅、のし餅の準備で一番の繁忙期になります。

クリスマス過ぎからアルバイトもお願いし、従業員総出で、朝から夜中まで準備をおこない、家の中が納品のお菓子であふれかえります。私も会社の仕事納めの日から箱根に戻り、実家の手伝いをするのが慣習になっていました。

この両親の和菓子屋には後継者がいません。私たち兄弟は3学年違いの姉と妹で、全員結婚し、家族をもって東京で生活していました。

どのように店を閉めて、もしくは譲って、年老いた両親の面倒をみるのか？

店をきれいにたたむのも長男の私としては大きなテーマでした。商売がまわっているとは言うものの、借入返済、未払いの清算、長年にわたり働いていただいた方々へのお礼をするとなると多大な現金が必要です。

サラリーマンの私としては生活資金の協力、寝込んでしまった時の介護なども踏まえると、かなりの犠牲をはらって対応するしか方法がありません。「自分の生活を捨てて、年老いた両親の対応をすることになるのか?」と心の不安と葛藤していました。


他にも悩みはありました。私は2人の娘に恵まれ、当時は長女が大学生、次女は中学生でした。この娘たちには有意義で楽しい学生生活を送り、幸せな結婚をしてほしいと願っていました。

そのためにも会社からのサラリーは大切で、給与のためには何でもする日々が続いていたのです。でも、「きっと2人とも嫁いでしまい、白井の苗字は私の代で終わってしまうだろうな」と想像していました。

定年まであと10年少々。その間に実家の和菓子屋は閉店、両親の介護、娘の結婚があれば、少額の蓄えはすぐに底をついてしまうはず・・・。

定年時でも、3000万円程度の住宅ローンは残っている。年金は、少額の401K(確定拠出年金)があるものの生活の基礎にはならない。厚生年金・国民年金もあてにならないし、退職金もどうなるかわからない。

60歳以降も収入を確保するために働き続けるしかないのだろうと覚悟していました。

4 不動産事業のおかげで全ての問題が円満解決!

2010年12月、父、79歳。私は50歳になるときでした。
40年間、工場を取り仕切ってくれていた職人さんも、高齢により体調が優れなくなってしまいました。全員のご協力で、どうにか年末の繁忙期を乗り切ったものの、さすがに父の心境に変化が訪れたのです。

「できるだけ早く店は閉店しないとな」

我が父ながらこの決断と、その後のアクションの速さは見事でした。事業は始めるよりもたたむ方が大変とは聞いていましたが、予想以上に困難でした。父とよく相談し閉店の資金を準備して、お世話になった皆様へ失礼にならぬようお話し、支払うべきお金はきちんと清算しました。そして、長年お勤めいただいた方へは、気持ちばかりのお礼をお渡しできたのです。

一時費用として1000万円単位のキャッシュが必要でしたが、当時の私は既に収益物件を4億円程度所有しており、月々のキャッシュフローは100万円を超えていたので、不動産購入のために用意していた貯蓄で賄うことができました。

3月上旬。お世話になった皆様にお集りいただき、お礼の会食をしました。それまで張りつめていた父の顔に安堵の笑みが浮かんだのを目にして、心の底から「お疲れさま。良かったね！」と感じました。

その後、60年以上も続いた法人の始末方法を税理士さんに相談に行きました。小田原にお住いの税理士先生は、ご自身でも収益不動産を持ち、賃貸業の知識も豊富な先生です。

祖父の代から続いた有限会社。閉店までの紆余曲折があり、決算書上の個人貸付は3000万円弱まで膨らんでしまっています。

先生からの言葉は目から鱗でした。

「知宏くん、不動産賃貸業がうまくいき始めているのなら、このお父さんが残してくれた決算書はお宝です。ぜひ大切にしなさい。この法人で不動産賃貸業として利益が生まれる状態にしたら、個人貸付は現金として回収できるし、繰り越し損金が無くなるまで税金がかかりませんよ！」

相談に行くまでは、「個人貸付は回収不能で、法人はたたむしかないのか・・・」そう諦めていたのです。もしも私の収入源が「サラリーのみ」であったら回収は不可能だったと思います。

今では父の会社も、所有する4法人の1社として個人貸付は回収し、立派に納税できる不動産賃貸業の法人に生まれ変わりました。

それから数年後、2015年の夏のことです。

箱根富士屋ホテルの改修工事の大枠が決まりました。歴史ある箱根を代表するホテルですが、多くの建物で耐震補強が必要となり、このままでは営業継続ができない状態でした。

父が住んでいた和菓子屋（実家）は、富士屋ホテルの敷地と国道一号線に挟まれた「隣地」です。富士屋ホテルの改修工事において、その土地が使えることで作業効率が大幅に上がるとのことです。

父が懇意にしていた富士屋ホテルの役員さんから「白井さんの土地をお譲りいただきたい」との申し出をいただき、父から私へ相談の電話が入りました。

2012年10月に独立し、不動産賃貸業を営んでいた私からすれば、渡りに船の申し出で反対する理由などありません。

父84歳、母81歳。元気で箱根の生活を楽しんでいました。すでに家業はたたんでいるものの、今までの環境を離れるきっかけがなく時間だけが過ぎていました。

先祖代々愛着のある土地ですが、お世話になってきた富士屋ホテル様にご活用いただけるならぜひ、との判断になり、70年以上も生活した箱根から東京へ転居しました。

転居先は、四ツ谷に住む姉の家から徒歩3分の賃貸マンションに決め、2015年の年末に転居が完了しました。

すでに四ツ谷での生活は5年目にさしかかろうとしています。姉が毎朝、愛犬の散歩に両親を誘っているので、父母とも年齢より元気な老後生活を送っています。

年金生活ですが、不動産賃貸業を通じて「和菓子屋の事務所として賃貸」「役員報酬を支給」という支援ができているので、金銭面での不安は持たずに豊かな生活を送れています。


私は、現在もサラリーマン時代に買っていたマンションをマイホームとしてそのまま住んでいます。箱根にいた両親を東京に呼び寄せた後に、長女・次女とも晴れて結婚し、すぐ近くのマンションで両夫婦とも生活をしています。これらの住環境も不動産を持っている法人があったからこそ実現できた有難い環境です。

さらに、後継者問題も解決しそうです。長女が結婚するときに旦那さんが白井姓を継いでくれました。孫も生まれてとても恵まれた生活を送れています。嬉しいことに長女夫婦、次女夫婦とも賃貸業に興味を持ってくれたので、白井家は不動産一家となりそうです。

今の私は58歳です。80歳まで現役で不動産賃貸業を営む予定をしています。つまり、世に言う「定年退職したあとの生活」は80歳がスタートだと思っています。

80歳まで現役で賃貸業が継続できれば、たとえ100歳まで生きたとしても、金銭面での心配は全く不要と考えて、ストレスフリーでHappyな人生を今日も楽しんでいます。

第1章

なぜ私は、
Happyな人生に
舵取りできたのか？

第1章では、なぜ、この10年で私の人生が圧倒的に変われたのか？

その理由と共に、40代から80代までの現役生活を充実させるため行うべきことを紹介します。

その大きな理由は、やはり目標設定だと言えるでしょう。本章ではこの目標設定の立て方、おこなうべきアクションを詳しくお伝えしていきます。

1

1億円の大目標。始まりは「ダイビングがしたい！」

私は2007年4月（46歳）に「目標設定その1」として、「金融資産1億円をつくる」という目標を立てました。これは今でも私のエクセルに残っていて大事に見ています。

目標設定した2007年当時、私名義の貯金は138万円、信託に預けているお金が919万円、株として持っている分が1275万円で、計2333万円でした。

この金額を見て「高い」と思われる人もいるかもしれませんが、1984年にIBMへ就職してから勤続23年、46歳の事業部長で年収2000万円以上、ストックオプションまであるという状況を踏まえると決して高くはない、むしろ「これだけしか貯まっていない」という金額です。

ただ、ある調査によると、40代の金融資産は平均942万円、40代で年収1200万円以上の人で平均3369万円なので、私が致命的に低いわけではないことがわかります。

では、なぜ「金融資産を1億円つくりたい」と私は思ったのか？

実は、シンプルな個人的な願望のためです。3カ月に1回、沖縄へダイビングに行っていたことは前述しましたが、実はそのお金を工面するためなのです。

ダイビングには、1回につき飛行機代とダイビング代で約10万円かかるのですが、少ない自分のお小遣いから捻出するのが一苦労だったのです。

そのため、「どうにかして、お金をもう少しつくれないか」と考えるようになりました。

ちょうどそんなとき、年率約10％の海外ファンドがあるという話を聞きました。そこで考えたのが「1億円を貯めて10%で運用できたら毎年1000万円の運用益が出るので、そこから税金を払ってもダイビングに余裕で行けるじゃないか!」ということです。

こうして、金融資産を1億円貯める、私の生涯の目標が生まれたのです。

ただ、23年間勤務して、やっと貯められたのが2300万円と考えると、そのままのペースでは年間100万円しか貯まらないわけです。1億円を達成するにはどうすればいいのか、何度も計画を書き換えながら新しいアイデアを加える日々が続きました。

2 目標達成のために起こした4つのアクション

目標達成のために行ったのは、エクセルで作成した項目を毎月チェックしながら行動するというものです。これは会社のマネジメントサイクルと、まったく同じだと感じました。

具体的には4つのチェック項目をつくりました。

1つ目は、2000年に荻窪のワンルームマンションを取得していたのですが、そこからの家賃相当額月1000ドルをクレジットカードから自動的に引き落とし、フレンズプロビデントという会社に積み立てる。

2つ目は、所有していたワンルームマンションを高値で売却して、戻ってくるキャッシュもオフショアで運用する。

3つ目は、会社からストックオプションをもらえるように頑張って仕事をする。

そして4つ目は、保有している株はタイミングを見て、現金化してオフショアで運用する。運用が順調だと年20％になります。

この4つをうまく回せば、お金は増えていくはずと考えてアクションを開始しました。

このころから、自分のメンタリティが大きく変わっていく事実に気づきました。日常的に1億円をつくることを基準に判断する機会が増えたからでしょう。

例えば、「今週末は何をするか？」「今日の夜はどこに・誰と飲みに行くか？」といった判断をする際は、必ず「金融資産1億円」という数字が頭の中に入ってきて、「どっちのほうが目的達成に近づくかな」という思考を持つまでになったのです。

人生の目的地に行くまでの道のりは多々あるものの、判断して通り過ぎてしまった道を引き返せません。なので、ゴールを決めて突き進むのは非常に重要なことだと、このときに痛感しました。

私は目標設定を考えるとき、よく「車のカーナビ」が頭に浮かびます。

カーナビは一度目的地を設定すると、途中で道を間違えてもすぐに補正してくれます。同じように、人生の目的地もきちんとカーナビにインプットしておき、一つひとつの判断が進むごとに「どれが最短ルートなのか？」を考えながら前に進んでいくのは非常に重要だと思います。

このタイミングで私がセットしていた目標地点は、「2010年末までに金融資産1億円」であり、それを達成したらファンドで10％運用し、お金の心配をせずに優雅にダイビングへ行くのが目標でした。

ゴールに向けてのPDCA（計画を立てて実行し、チェック評価をして改善していくこと）で仕事をするのはもちろん、日々の生活の中でも実施しました。

また、このタイミングでロバート・キヨサキ氏の名著『金持ち父さん貧乏父さん』（筑摩書房）を読んで、不動産の可能性について深く共感しました。

そして、サラリーマンとして得られている属性、メリットに気づき、徐々に不動産のほうにアクションがシフトしていきます。これが10年前の私と、今の私が違った生活をしている最初の取りかかりです。

3 サラリーマンは素晴らしい「学び」の場

この本を読んでくださっている多くの方がサラリーマンだと思いますが、サラリーマンは本当に素晴らしい職種だと私は感じています。

何が素晴らしいのかというと、まずは「会社で使っているマネジメントシステム」です。

会社は多くの人が集まっており、無駄なく会社の利益やゴールに向かって働いてくれるための仕組みが整っています。お金をかけて各社つくっているはずなので、どのような仕組みを構築し、どこが肝なのかはぜひ皆さんも把握してほしいと思います。

また、会社には一個人として成長できる環境があります。例えばプレゼンテーションスキル、コミュニケーションスキル、ネゴシエーションスキル、チームワークなどです。

これらは使えば使うだけ自分が成長できるので、とても役に立つ仕組みです。

それ以外にも先輩・後輩や取引先などを通じて、素晴らしい方々との出会いも与えてくれます。自分一人では決して得られない体験がたくさんできるはずです。

さらに、会社からの給与が信用となって銀行から融資が受けられます。不動産投資の章で詳しくお話ししますが、これはサラリーマンとしてのとても大きなメリットです。

また最近では、私の周りの男性でよく活用されているのが育児休暇です。こうした仕組みも素晴らしいなと思います。


ここで、男性の育児休暇について友人の話をご紹介したいと思います。

「後半の人生は自分のビジネスで生きていく」と決めた友人のなかに、お子さんが生まれた人が複数人います。今では育児休暇が制度になって、お父さんが1年取得するケースも少しずつ増えているようです。

お子様が生まれて1年間というのは、奥様が非常に大変なときなので、そのときに一緒にわが子の成長を見ながら生活できる時間がとれる、という素敵な制度だと思います。

ですが、私がサラリーマンだったときには「育休を1年もとるお父さん」なんて聞いたこともありませんでした。その後の人事査定にどう評価されるかの前例が無かったのも影響していると思います。育休を1年取れば、復帰するまで代わりの人が業務につくわけで、自分が同じ仕事に戻れる保障はありません。

振り返ってみると、女性でも産休で1年休んで戻ってきた人は、私の周りにはほぼいませんでした。

しかし現在では、育休取得中のサラリーマンで不動産投資をしている友人が何人もいます。彼らは、育児を奥様と一緒にする一方で、昼間に銀行やセミナーに行けますし、夕方から不動産の先輩と飲みに行くこともできます。

例えば、10年後には会社を辞めて独立を決めているサラリーマンであれば、育休の1年間は給料をもらえて会社が保障をしてくれます。さらに不動産賃貸業を成長させるために物件を取得する、人脈をつくるという時間が使えるので、とても有効に時間が活用できます。

サラリーマン大家として独立を決めている方にとっては、すでにサラリーマンとしての昇進や昇給は優先順位が下がっているので、一度決めたらこのような制度も積極的に活用して、がむしゃらに前に進んでいくのもよいと思っています。

4 前半戦サラリーマン、後半戦ビジネスオーナーで人生を勝利する

さて、読者のあなたが今、40歳のサラリーマンと仮定しましょう。

そして、20歳から50歳まではサラリーマン、50歳から80歳までは個人として働くという人生設計を立てたとします。40歳のサラリーマンが50歳を境目に前半・後半で生活するということです。

そうなると、あと10年でビジネスオーナーとしての生活に入る必要があるわけで、この計画をつくると、あなたの人生は劇的に変わります。

漫然と勤めていた会社が突然「あと10年」となるからです。

そこで、会社が提供している素晴らしい環境を活用して、10年間に必ず成し遂げなければならない3つの目標があります。

1つ目は、50歳から80歳までの生活が確保できる副収入源をつくる。

2つ目は、独立に向けて使えるマネジメントシステムを自分のものにする。会社か

ら「これをしろ、あれをしろ」と言われるのには必ず理由があります。その仕組みを理解して、どのように活用したら自分の役に立つのかを考えながら、マネジメントシステムを習得するのです。

3つ目は、独立を視野に入れて新たな人脈をつくる。「あと10年」と決めたら、10年後も活用できるような人脈を形成しておくことは非常に重要です。

ここで私の経験を少しお話したいと思います。

大学を卒業した私は、当たり前のように就職活動をして、日本IBMに就職し、50代前半まで勤めました。その間、とても恵まれた環境のもとで順調に昇進させてもらい、サラリーマンだからこそできた貴重な体験も多くしました。

46歳のとき、あることから挫折をして、昇進を諦めて自分の人生プランを考えるきっかけをもらいました。

このとき決めたのが「80歳まで現役」「前半サラリーマン・後半ビジネスオーナー」ということです。

22歳で就職して80歳まで現役なので、51歳が中間地点です。

日々の業務に追われ、定年までまだ長い時間が残っていると考えていたのですが、「あと5年でサラリーマンは終わり」と決めたので、その5年間で後半のビジネスオーナーとして生活していける収入源をつくる必要がありました。

こうして考え方を変えるだけで、日々の業務として取り組んでいた業績管理や人事・問題管理などが「独立に向けた研修」に思えてきました。そして実際、そのときの経験は後半の人生を歩み始めて8年目になる現在、非常に役立っています。

皆さんも自分の人生の生き方を決めたら、会社から得られるものは存分に得て、50歳以降のビジネスで人生を勝利に導いていただきたいと思います。

コラム①

挫折と成功を味わったサラリーマン大家時代

■はじめて不動産購入したのはバブル真っただ中

このコラムでは、私のサラリーマン時代から不動産投資の初期までをお伝えします。より詳細を知りたい方は前著『元外資系サラリーマンの家賃年収「1億円」構築術』(ごま書房新社)をご覧ください。

箱根の老舗和菓子屋の3代目として生まれた私は、大学を卒業してIBMに入社した際に、「10年働いて成果がでなかったら実家を継ぐ」という約束を父と交わしていました。入社した直後の勤務地が大阪で、3年後の1987年3月に25歳で結婚。年末には長女が生まれました。

当時の年収は500万円、アパート暮らしをしていました。貯蓄する余裕もなく新居として借りたアパートの家賃の支払いも厳しく、妻の実家にお世話になり少しずつですが、マイホーム購入用の積み立てができるようになりました。

バブル真っただ中で、関西でも不動産価格は高騰していました。一般に売り出されている築浅のファミリーマンションは7000~8000万円。さらに住宅ローンの金利7%です。7000万円を金利7%、期間30年でローンを組むとなれば、毎月の返済は46万円にもなります。

しかし、市が造成した土地に建築されマンションは安く分譲されていました。大阪地区では宝塚にある「ラビスタ宝塚」、神戸では「ポートアイランド」と「六甲アイランド」がそれぞれ5年間の転売禁止条例つきで、3LDKの新規分譲価格が3000~5000万円程度と、当時の相場からすれば魅力的な新築価格とあって、購入希望者が殺到しました。

ほとんどのお部屋が「即日完売」。なおかつ「倍率100倍以上の申込み」の中、我が家も毎回申込みをしました。当たる確率は1%以下。それでも一日かけて毎月申し込みに行きました。

そんなある日のこと、ようやく自宅に当選のハガキが届きました! ところがよく見ると「次点」で、不動産投資での買付でいう2番手です。当選した方が期日通りに資金繰りできなければ、我が家に権利が発生します。

物件価格は4000万円。資金繰りは3000万円を金利3％の社内融資で受けて、残り1000万円は財形・持ち株・妻の預金・義父母からの援助をかき集めて賄うことにしました。そして、ついに「当選」の連絡が来ました。1番手の人が融資付に失敗したのです。当時は本当に嬉しかったです。

こうして、1990年に神戸の六甲アイランドに自宅マンションを買ったのです。私の初めての所有物件です。長女は近くの幼稚園に入り、1992年には次女も生まれした。同じマンションは同年代が集まり、子どもを交えたファミリーパーティがたくさん開催されたものです。

しかし、この時はすでに〝バブル崩壊〟を迎えており、新居はすでに購入価格より値下がりしそうな雰囲気がありました。

忘れもしない1995年1月17日。阪神淡路大震災が起こりました。地震直後は不便が強いられましたが、私たちサラリーマンは会社からの保護のある中で、ホテル暮らしをするなどして生活が維持できました。

反して、自営業の方々はなんの保証もありません。店を焼きだされ、店舗経営の継続に大変に苦労した方もいらっしゃいます。

こうした現実を知ったことで、私自身の考えも変化していきました。というのも、私は将来的にはIBMを辞めて、箱根の実家にて父が営む和菓子屋を継ぎたいと考えていたのです。

ところが、自身が経験した大震災で、自営業の不安定さを目の当たりにし、私の価値観も変化しました。そして、「家業を継がない」という選択をしました。

その後、復興途中の12月末、11年間の大阪勤務が終わり東京への異動が決まりました。ファミリーをあの震災から守ってくれたマンションを、売却しようか賃貸に出すか悩んだ結果、賃貸で運用することに決めました。

この転居時の査定価格は3900万円。2014年の売却価格は1200万円です。思えば、このタイミングで売るべきでした。今は、大阪や神戸では地震前の建物の売値は安くなってしまっています。震災直後はたくさんの住宅が倒壊したこともあり、まだ商品価値があったのですが・・・。

当時は、後にそこまで価格が下がるとは思わず、会社の先輩に、「不動産を賃貸していると節税になる」という話を聞いて賃貸することを選んだのです。家賃はほぼ住宅ローン並みで手出しはなく、ほぼ満室で稼働していました。

結果的には売却時も損は出たものの、売却益が出る物件と合わせて売ったため、税金的には得をした結果となりました。

1996年に東京へ異動して、その翌年から部長職に昇進。ますます仕事に熱が入りました。時代はインターネットが普及しはじめ、2000年のITバブルに向かっていった頃です。

しかし三十代半ばで部長職となった結果、給与こそアップしましたが、それと同時に所得税も高くなってしまい、手元に残る現金は思ったよりも多くありません。当時は横浜の高級分譲マンションを借り、社宅として住んでいました。

昇進の結果、借上げ社宅の対象ではなくなってしまったこともあり、近隣の分譲マンションを購入することにしました。

購入価格は今回も4000万円。1999年に転居しました。自宅2号邸の誕生です。長女と次女は5学年違い。長女は横浜のフェリス女学院中学校に入学し、学生生活を満喫しはじめました。次女は幼稚園からの友達と一緒の小学校でスクスクと育っています。

しかし、私は勤務地が六本木から東京駅に近い日本橋に変わったため、在来線だと通勤に1時間半もかかるようになります。これを快適するために毎日新幹線代を自腹で払う日々・・・当時は仕事に向けるパワーを確保できるなら惜しくはないと考えていました。

ところが、ある時、長女と次女が4年間、都内の大学に新幹線で通学したらいくらかかるのか計算したところ、「新幹線費用だけで1000万円が必要」という結果となりました。もちろん、学費は別です。1000万円も新幹線に払うなら都内に転居した方が断然いいと考え、また新居探しがスタートしました。

折しもITバブル崩壊で不動産市況も大変悪い時にあたったため、運よく白金高輪の新築マンションを購入することができました。自分の通勤と子どもの進学を考えてもメリットの多い転居です。不況であったため、新横浜と同程度の広さで6230万円でした。

ここでまた失敗です。新横浜の自宅マンションは6年の間に、4000万円で購入したものが3000万円の査定となっていたのです。

この時、私は節税を考えて、その後も下がり続けてしまった六甲アイランドをそのまま保有し、現時点では値段が回復した新横浜を投げ売りしてしまいました。

もし、新横浜の自宅をそのまま所有していれば、月々のキャッシュフローが出る上に、ローンが半減して、今では5000万円程度で取引されています。つまり、10年間で1・5倍です。持ち続けていた六甲アイランドは下がりっぱなし。対して新横浜は上がっているのです。不動産の相場は本当にわからないものです。

■不動産投資はワンルームマンションからスタート

さて、この当時に私は不動産投資をはじめています。2000年の年末に杉並区の区分マンションを購入しました。年末に近かったこともあり、「今ハンコを押せば、今年の確定申告に間に合いますよ!」という不動産会社の営業マンの言葉を受けて、2000万円強のワンルームのオーナーチェンジ物件を購入しました。

賃料12万円、表面利回り7%、築3年の杉並区阿佐ヶ谷にあるマンションでした。今では信じられませんが、このマンションは1回も現地を見に行っていません。買うときも見ていないし、売るときも見ていないのです。

●東京都杉並区区分マンション

購入年月:2000年築年(購入時):3年/構造:RC/部屋数:区分間取り:1LDK購入金額:2070万円
表面利回り:6・8%売却年月:2010年売却価格:1880万円

物件としては悪くありませんが、キャッシュフローは月額1000円でした。

なにより電話でセールスされるワンルームマンション投資では、持ち出しがかかる物件が一般的だったので、「少しでもプラスになるだけ充分」というのが当時の感覚だったのです。

神戸の自宅を賃貸し、節税用のワンルームが手に入り、確定申告の方法も伝授いただいたため、これ以降は毎年所得税が還付されるようになりました。しかし、そもそも不動産所得がマイナスのため「還付」があるのです。儲かっていないのは事実で、不動産賃貸事業とは程遠い状況のスタートです。

神戸と阿佐ヶ谷の合計2部屋で物件価格は6000万円、月額家賃は合計25万円ということで、ローンの返済をやっと居住者が払ってくれている状況です。

その頃の妻は不動産に大反対で、「やめなさい！」と言われていました。幸い2部屋とも入れ替わりはあったものの、空室期間がほとんどなかったので、失敗に気づかず2005年まで2部屋の運用が続きました。

なお、阿佐ヶ谷の物件は10年所有し、2010年に品川区のアパートを購入するタイミングで売却しています。

値下がりは若干で売却益はありません。今であれば決して購入しませんが、節税対策という役割はしっかり果たしてくれました。

■理想の生活が一変、サラリーマン人生の最大の危機！

新横浜の自宅を売却し、2005年の夏休み、予定通り新居のある白金に引っ越しが実現しました。私自身は会社で順調に昇進し、当時は事業部長としてかなり大きな責任を担っていました。まさに理想の生活です。

しかし、ここで人生最大のトラブルに見舞われました。2006年に担当していた事業部で事故がおこり、多くの部下が退職届を出して転職していきました。私自身も「今後、出世や昇給は望めない・・・」と悟りました。サラリーマン生活23年、45歳の時に味わった挫折です。

この時は本当に悩みました。念願の白金に引っ越ししてまだ1年。子どもたちも志望校に入って楽しい学園生活をスタートしたところなのに、会社での将来に希望がありません。

企業はピラミッドです。上にいくほど椅子が少なくなり、ピラミッドからあぶれた人は、その先を自分で決めなくてはいけません。転職も考えましたが、ご迷惑がかかっているお客様・協力会社様を残して、責任者の私が転職するわけにはいきません。

2007年、事故対応がひと段落し、事業部長から副事業部長に降格となりました。人生で初の降格です。副事業部長とは名ばかりで、部下もなく、職責は担当営業とほとんど同じようなレベルでした。この後の展開はコラム②に書きましたが、私にとって大きな転機となります。

■港区でマンションを2戸同時購入

このトラブルがきっかけとなり、不動産投資の勉強をスタートさせました。

私が不動産投資の勉強をはじめた方法は大きく2つ。本を読むこと、セミナーに参加することです。当時はまだまだサラリーマン向けの不動産といえば、ワンルームが中心の頃でした。

そんなある土曜日の朝、新聞を読んでいるとT不動産の折込み広告に目がとまりました。場所は港区の麻布十番で自宅から徒歩5分。さらに大きな交差点に面した2階建ての築浅マンションの最上階が2240万円、利回り6・6%で売りに出ていました。

時計を見ると9時。急いで自転車で不動産会社のある六本木へ向かいました。その際に、売りに出ている物件の前を通ったのですが、良い場所にあるマンションです。ビルの上層階にある店舗のドアをくぐるやいなや、「このマンションありますか?」と尋ねました。これが、対応に出てくれた大森君との運命の出会いです。

それまでセミナーで多くの営業さんとお会いしてきました。しかし、長年管理職として多くの方と接してきた私にとって、信用に値する営業さんには出会えていませんでした。

大森君は若いにもかかわらず視点がはっきりしており、私の質問にも的確に答えながら、物事を一歩ずつ前に進めていくパワーがありました。

港区のマンションはまだ売れていなかったので満額で買い付けを入れ、「ほかにも同じようなマンションはありますか?」と聞いてみると、同じく港区にあるワンルームマンションの資料を持って来てくれました。

こちらは1570万円、表面利回り7%でした。1つ買うより2つのほうが手間と時間を考えると効率的だと思い、同時に買付を入れました。

購入に踏み切った理由は、良い場所で購入すれば、キャッシュフローは出なくても、所得税の還付が受けられるし、最終的に売却益に期待できると判断したからです。

また、セミナーや書籍で勉強してはいたものの、当時はサラリーマンができる投資＝ワンルーム投資だと思っていました。今では一般的となった1億円以上の借金をして、一棟物件を購入できることを知らなかったのです。

それから、これまで自宅を3軒買ってきた経験でいえば、ファミリー向けの物件よりは、単身向けの方が儲かるのではないかと考えていました。そこで条件の良いワンルームを欲しいと思っていたのです。

●東京都港区区分マンション①
購入年月：2007年／築年（購入時）：7年構造：RC部屋数：区分間取り：1ルーム購入金額：2230万円表面利回り5％売却年月：2010年売却価格：2000万円

●東京都港区区分マンション②
購入年月：2007年築年（購入時）：6年構造：RC部屋数：区分／間取り：1ルーム購入金額：1570万円表面利回り：6・8％売却年月：2011年売却価格：1390万円

この2つは大森君からの紹介で、T銀行にご融資いただき無事に購入できました。キャッシュフローは税引き前で月額1万5000円でした。

今から考えると絶対に買わない物件です。月額1万5000円では1部屋入退去があると、年間の利益が無くなり、空室の期間分だけ赤字になっていきます。

「自分の人生、なんとかしなければ！」との焦りから、空回りした1年となりました。そんな中でも大森君との出会いが、その後の私の人生を大きく変えていきます。

■収支がマイナスで銀行融資が受けられない

2008年になって予定通り所得税を還付いただき、「次はどんな案件を買おうかな」と考えていたタイミングです。

セミナー通いもしながら新規案件を探していく中で、当時、サラリーマン向けに融資を行っていたメガバンクのM銀行、それと同時に政府系の金融機関である日本政策金融公庫に融資の打診をしに行ったところ、M銀行の担当者から「不動産収支がマイナスで、所得税を還付している人では審査が通りませんよ」との返答がありました。

公庫は丁寧に話を聞いてくれましたが、やはり融資はお断りです。たしかに冷静になって収支を見てみると、収益不動産の購入金額は1億円に達しているにもかかわらず、キャッシュフローが全物件を合わせても月額6万5000円という何ともお寒い状況です。なんとか改善しなければ、構造的に収益の上がらない失敗投資となってしまうのは明確です。

そこで私は節税をメインとしていた投資手法から、キャッシュフロー重視へと方向転換を行うことにしました。このタイミングでもT不動産の大森君とは定期的にコンタクトしており、良好な関係が続いています。

そこで、銀行からのレスポンスを受けて、キャッシュフローのリカバリーができる案件を中心に探してもらうようにお願いしました。そして、良い物件があったら連絡してもらい、すぐに見に行って返答して、というのを繰り返すようになりました。

■高利回り区分事務所を4戸購入

2008年からの購入基準は「いくら手元にお金が残るのか」です。

私が大森君にお願いした条件はキャッシュフローが残る物件。それに加えて、自己資金が少なくても買いやすい物件でした。ほどなくして大森君が私の条件に合った物件情報を持って来てくれました。

その記念すべき1戸目の区分所有の事務所は、中央区築地にあります。ビル1棟は高くて買えないのですが、9階のフロアが区分所有となっており、一部が売却に出ました。それを2戸買っています。すでに借入金額が1億円ありましたので、私に融資をしてくれるのは不動産投資に積極的な地方銀行のS銀行のみ。

金利の4・5%は何をいってもまけてくれませんでしたが、融資までの判断が早く大変ありがたい存在でした。

2戸一括購入ということで6000万円での満額買い付けを入れました。すぐに競合が現れて売買金額が上がっていきます。その都度、上値で買い付けを入れ直して購入できました。

小さい部屋はオーナーさんが使っていたため空室で引渡しいただき、リフォーム後に賃貸と売却の両方で募集しました。今回は購入希望の方が先に現れたので、同年に譲渡しています。不動産で初めて「儲かったな」と思えた瞬間でした。

続いてその年の年末に、横浜市の西区にある事務所区分。これも9階建てのビルの2フロアを一括購入しています。

この物件は保証金が500万円もあるため、手出しなしで購入できました。

●東京都中央区区分事務所①

購入年月：2008年／築年（購入時）：15年／構造：RC／**部屋数：区分／間取り：事務所／購入金額：3810万円／表面利回り：10・19％／2016年売却：6880万円**

●東京都中央区区分事務所②

購入年月：2008年／築年（購入時）：15年／構造：RC／部屋数：区分／間取り：事務所／購入金額：3000万円／表面利回り：賃貸せず譲渡／売却年月：2008年／売却価格：4000万円

●神奈川県横浜市西区区分事務所①②

購入年月：2008年／築年（購入時）：18年／構造：重量鉄骨／部屋数：区分／間取り：事務所／購入金額：3000万円×2部屋／表面利回り：12・03％／2016年一部屋売却5480万円／※一部屋所有中

一般的に事務所物件といえば利回りは高くても、住居に比べて入居が不安定というネガティブなイメージがあります。しかしオーナーチェンジ物件によっては保証金が大きくあることが魅力です。とはいえ、そもそも区分登記をしている事務所物件の数は少なく、その上で立地が良く利回りが高く保証金も高い物件となると、数がありません。

こうして大森君が探してくれた高利回り物件＋S銀行のローンの組み合わせで、金利は高いものの私の資産内容は大幅に改善されていきました。

マインドの変化をいえば、この2008年頃にワンルームマンション投資から、キャッシュフロー重視の中古投資へ移ったタイミングです。単なる節税目的ではなくて、キャッシュフロー・・・つまり、事業の収益性に目を向けたときに、サラリーマンではなくてビジネスオーナーに変化したのだと思います。

その2つの物件を買ったことにより、ほかの物件と合せての金額にはなりますが、手元にキャッシュフローとして月に55万円が残るようになりました。

給与があるうえで毎月55万円も入ってくるので、「世界が変わってきたな」と感じました。そして、目標として「キャッシュフローで年収1000万円」を目指すことに決めました。

■都心の中古アパート投資で目標CFを達成

その次の年に買ったのは中古アパートです。

当時、S銀行の担当者とお話をしていくなかで、「白井さん、収益性の高い事務所を買いたいのはわかりますが、事務所は空室リスクが高いので、もう事務所には貸せません」と言われました。そこで、どのような物件なら融資が出るのか確認したところ、「土地付きのアパートにしてください」とのことでした。

そのまま信頼する不動産業者の大森君に「作戦変更で、土地付きのアパートを探してくれ」と頼んで、彼が探して来てくれた中古アパートを、自己資金1割強で購入しています。

初めての1棟アパートは、築4年の物件をほぼ土地値で購入できました。全空物件だったのですが、そのままでは融資が出ないということで、サブリース契約を行ってからの購入となりました。

この時、90%という好条件でサブリース契約を結ぶことができ、また融資も無事に通りました。そこから出てくるキャッシュフローを足すと、月々の手残りが94万円になったのです。私は、このアパートを買うことで目標CF年収1000万円を達成できました。

すると、またさらに次の目標をつくりたくなります。次は月額200万円、年収2400万円という新しい目標をつくって不動産との取り組みを始めたのです。

なお、渋谷区の1棟目のアパートについては、4年間所有して購入金額のほぼ倍の2億3000万円という価格で売ることに成功しました（売却についてのエピソードは前著に詳しくあります)。

●東京都渋谷区アパート

購入年月:2009年/築年(購入時):6年/構造:重量鉄骨/部屋数:14部屋/間取り:1ルーム/購入金額:1億1200万円/表面利回り:9・93%/売却年月:2014年/売却価格:2億2980万円

続いて、2010年に東京都品川区の中古アパート、2011年には横浜市港南区上大岡にある築浅の中古アパートと年に1棟ペースで購入しています。

3棟とも物件価格が高騰した今では考えられないほど、好立地の物件を手頃な価格で購入することできました。

●東京都品川区アパート

購入年月:2010年/築年(購入時):19年/構造:重量鉄骨/部屋数:5部屋/間取り:1LDK/購入金額:5700万円/表面利回り:9・2%/2016年売却:6900万円

●神奈川県横浜市港南区アパート

購入年月:2011年/築年(購入時):2年/構造:木造/部屋数:8部屋/間取り:1DK/購入金額:4820万円/表面利回り:9・96%/※所有中

同時にS銀行の個人枠を使い切り、これ以降は物件を増やすことが困難となりました。

今の私であれば、知識のある人や相談できる人など、師匠や仲間がたくさんいます。サラリーマン投資家がどのように買い進めていくのかも詳しく理解していますが、当時は98%が仕事に追われ、2%で不動産投資をしている状態でした。

このときに今のやり方がわかっていれば、もっともっと買い進むスピードが速かったかもしれません。ここまでが私のサラリーマン時代、個人名義での不動産購入の履歴となります。

第2章

40歳のときに
60歳から80歳までの
生き方を考えましょう！

これまでの固定概念に縛られることなく、自分の人生を変える一歩を踏み出しましょう。

ここでは年齢をブロック別にわけて、それぞれでどのような動きをすれば良いのか。その考え方を解説します。

キーワードとなるのは「二毛作」です。サラリーマン給与、それから、給与以外の収入を得られるよう目指します。

1 時は「令和」。昭和・平成の人生設計に囚われていませんか？

私は昭和36年生まれのため、いわば2世代前の「昭和の人生設計」に沿って生活をしてきました。

一流大学を卒業して一流企業に入り、「定年まで勤めれば年金・貯金で将来は安泰。だから辛いことがあっても定年まで勤めなさい」と、入社してから10年間くらいまで、そのように教育され続けていたのです。

昭和の人生設計は、以下の4つのブロックで構成されていました。

1つ目は0歳から20歳まで、ここは学生です。そして2つ目は20歳から40歳、3つ目は40歳から60歳、これがサラリーマンの時代です。最後に60歳から80歳までを老後としています。

このブロックの2つ目と3つ目、つまり20代から60代まで一生懸命働けば、60から80までの老後は、その間に蓄えたお金や年金で賄える、というのが常識的な考え方でした。


しかし、今や「人生100年時代」といわれる高齢化社会です。20歳から60歳までの2つの箱の後に「60歳から80歳までという箱」が追加されたことで、昭和的なサラリーマン人生設計は成り立たなくなっています。

最近では、「年金2000万円不足」も話題になっています。これまでの人生設計通りに年金だけに頼って平均寿命まで生き続けると、トータルで2000万円不足するから自助努力でそれをまかなおうという問題です。

一方、私や周りの不動産投資家仲間の場合、もともと国や会社に頼ることを前提にしていないため、「老後に2000万円が必要」と言われても、特段驚かないはずです。

これは不動産投資家だけに限った話ではありません。自分の力で稼ぐ力を身につけて、サラリーマンに一生を捧げていない人であれば、このような事態は想定内であり、給料以外のお金に頼ることができます。

現在、定年の延長、年金の先送りなど、さまざま要因から「60歳定年ではなく、70歳から80歳まで働きなさい」という流れになりつつあります。

ただ、サラリーマンを29年間続けてきた私の感覚からすると、60歳定年から独立、起業するというのは極めて困難です。

まず60歳になった時点で新しいことをはじめようと思ったとしても、100歳まで生きるために手元に残っているお金を考えると、ダイナミックな行動が取れません。

当然、事業を立ち上げるためにお金（事業資金）を使う必要があるのですが、サラリー依存の人生では精神的にも、使いにくい状況に陥るのです。

また、会社という信頼が無くなっているので与信がなく、銀行からもお金を借りるのが難しくなります。そして、自分が60歳になったときは友人も同じくらいの歳になっているので、人脈のパワーも当てにできません。

つまり、60歳になってからその後の人生を考えるのは遅すぎで、40代のときには準備をはじめ、50代から後半の人生をスタートするのがギリギリのラインといえます。

2 人生における「二毛作」のすすめ

60歳から80歳までの生き方には、大きく3種類あります。

1つ目はサラリーマンとしてそのまま働く、つまり「働けなくなるまで働く」のです。この選択肢を採っている人はかなりいます。60歳まで働いた会社で雇用制度が変わった事情に応じて、65歳、70歳までそのまま雇ってもらうわけです。

この場合、給料はどんどん減少していきます。

それだけでなく、自分から見ると子どものような年代の部下が急に上司になります。もちろん、その上司には必要に応じて頭を下げなければなりません。それは、これまで勤めてきた40年間の経験やプライドを全て捨てるくらいの気持ちでないと、男性にとっては精神的に厳しいものです。

2つ目の選択肢は、「自分のやりたい仕事をする」ということです。

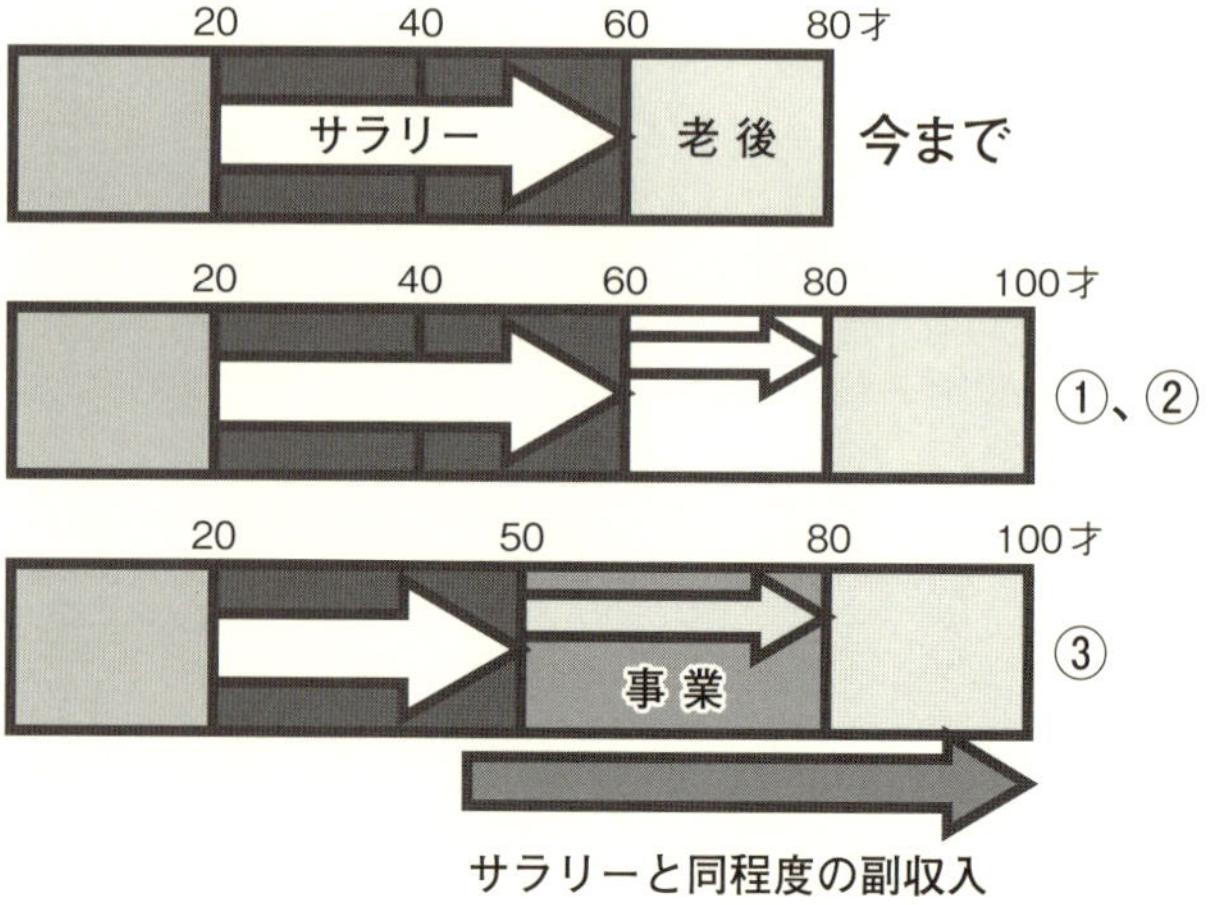

ただ、60歳で定年後に自分のやりたい仕事をするといっても、本当にうまくいくのか、資金が足りるのかという疑問は残ります。

そこで私がおすすめしているのが3つめの選択肢です。

これは、「50歳で方向転換をして、20歳から50歳まではサラリーマン、50歳から80歳までは自分で事業を行う」というものです。

これが、「人生二毛作のすすめ」です。

二毛作とは、1年のうちに2回同じ耕地で作物を栽培することです。夏には米、冬には麦をつくるというイメージです。

そして人生二毛作とは、20歳から80歳までの社会人人生において、前半はサラリーマン、後半は自分のすべき仕事でビジネスオーナーとして生き、社会に貢献することをいいます。

合計で60年ですので、50歳の折り返しを分岐点に計画するのはイメージしやすいと思います。

すでに60歳定年、年金制度は崩壊し、自分の人生は自分でプランしなければならない時代になりました。国も会社も支援してくれません。20歳で社会人になって、80歳まで自分の収入で生活しなさいという時代です。2019年の現在でさえどんどん寿命が延び、医療の発展で90歳、100歳まで生きるのも珍しくなくなりました。

さらに、両親にもこの20年延長の寿命は追加されてきます。ここまで長寿社会になったので、介護の方法・費用も重大な出費として、両親がご健在の方は計画する必要があります。

実際、私の父親は現在88歳、母親は85歳で、2人とも元気で生活しています。介護が必要なのはこれからだと思っています。

50歳で転身するメリットはたくさんあります。

1つ目は、心身ともに元気な50代に後半の人生がスタートできる。
2つ目は、サラリーマンとしての経験・人脈が生きている間に次のステージに入れる。
3つ目は、30年の期間が後半残っているので、少々失敗してもリカバリーできる。

この3つは、とても大きなメリットです。

逆に60歳で後半をスタートすると、この3つを生かせないのでかなり厳しい状態でのスタートになると思います。

3 「二毛作」のキーを握るのは給与以外の安定収入

人生二毛作を成功させるためのキーは、転身するときにサラリーと同程度の収入源を持っておくことです。

40歳から50歳の10年間で、今のサラリーと同額のキャッシュが不動産から得られるように準備します。ここでは不動産に断定していますが、他の方法であっても、給料と同額のキャッシュが永続的に準備できる環境をつくっておくことが大事です。

また、50歳から80歳まで自分のやりたい仕事をイメージしておくのも重要なアクションです。時間やお金が自由になっている環境で何ができるかを描くのです。

これをベースに50歳から80歳まで何をするのか、そして何をするのが自分にとって価値があるのか、社会に貢献できるかを考えると、とても素敵な人生になると思います。

前著の出版にあたって出版キャンペーンをおこない、普段おこなっていない個別コンサルティングをプレゼントしました。キャンペーンは盛況となり、その結果150名の方とこれからの人生設計を一緒に考えました。彼らとは、今でも定期的にお会いしています。

個別コンサルティングにいらした方は、幅広い年齢層でした。人生に対する問題意識の高い方々でしたが、本書のテーマである40代のサラリーマンに共通して感じたのは以下のことです。

・60歳以降の生活は想像がつかない
・今の仕事に追われて、将来のビジョンを考えられず先送りしている
・もらった給与は使い道（生活費・教育費用・家・車のローン等）が決まっており貯蓄の余裕がない
・自分の周りには、会社関連の知り合いがほとんどで、定年後の相談をしても解決

策がない

私は、関わった方全てに幸せになってほしいのです。「このままではいけない！」と思い、40代の皆さんとは「50歳で今以上のキャッシュが不動産から得られる人生プラン」を一緒につくることにしました。あくまでも提案でしたが皆さん大変興味を持ってくれました。

不動産プランが具体的になってくると、50歳から80歳のやりたいことが具体的になり、ワクワク感が増していきます。目の色も変わり、仕事にも良い影響が出てきている方が増えました。

会社の呪縛から解き放たれて、経済的自由や人生の目標が見えてくるので、お客様やメンバーのためになる仕事を優先的に取り組めるようになるのです。ダラダラやっていた仕事もサッとこなし、サラリーマンをしながら自分の時間をつくるようになります。

不動産を通じて新たな友だち、人脈ができて相談相手が増えると人生観が変わります。

今、私はそんな仲間たちとコミュニティをつくって、定期的に情報交換、懇親会を開催しています。私にとっても何でも相談できる心強い仲間になっています。

4

4つのstageでワクワクしながら常識を変えていく

人生二毛作を実現するためには、Stageが4つに分かれます。

それぞれのStageで大切なのは、準備・活動する内容と実現できた時の心境の変化、ワクワク感です。ぜひ多くの方にこの気持ちを味わっていただきたいです。

衣食住を通じて貴方のしあわせに貢献

心境の変化・発見

Stage1　**サラリーマン**
将来に対する不安、現状への不満
実現したい夢を考える余裕なし
家族には会社での状況が伝わらない
Stage2　**人生設計**
50～80才で自分のやりたい仕事
後半スタートに向けての準備明記
実現できる実感から夢がふくらむ。やる気マンマン！
Stage3　**サラリーマン大家**
収益物件所有により、実際にお金が入って貯まっていくことを実感
独立＆事業開始までに、サラリーと同等のキャッシュを用意。
サラリーマンであるが経済的独立をし、独立＆事業の準備ができる。
Stage4　**独立＆事業**
夢の事業・社会貢献に全力投球
サラリーと同額のキャッシュが不動産から得られている。
生活の心配はないので、家族の協力がえられる。一緒にできる。

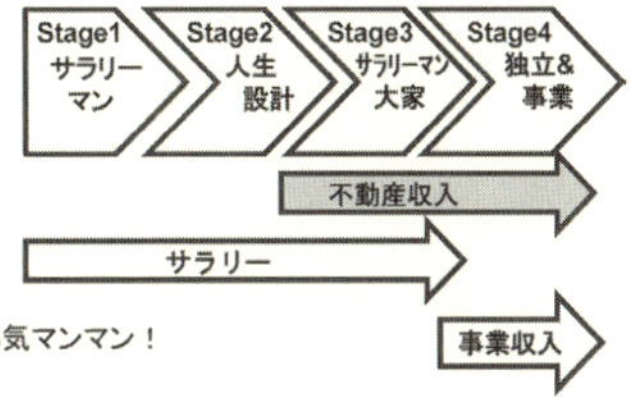

◆Stage1 サラリーマン

平成から令和にかけて、サラリーマンの間でも会社のレールに乗っておけば「将来安泰」と思っている方はさすがに減ってきました。ですが、将来の漠然とした不安はできるだけ早く、具体的に認識して打開策

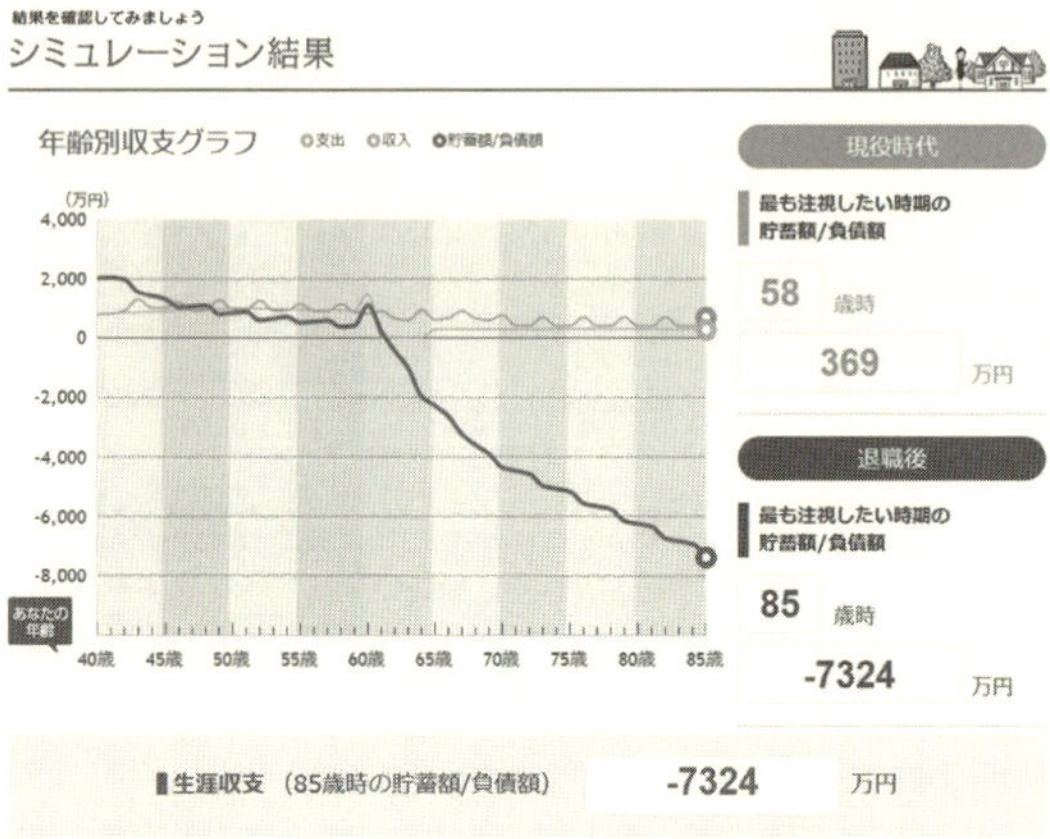

（参考）郵貯銀行ライフプランシミュレーション
https://www.yucho-moneyguide.jp/lifeplan/simulation/input

を模索しておく必要があります。

まず、おこなうべきことは、「サラリーマンで定年まで勤めたケースで生涯の収支計算をする」ことです。40歳の方でしたら、あと20年サラリーマンをしたら給与収入がどのように変遷し、退職金がどの程度になるのかは想像できると思います。年金についてもWebサイトで今の情報を確認し推測で記入します。

上のシミュレーションは私が40歳サラリーマンだと仮定して、家族の状況をできる限り忠実に入力した結果です。

このWebサイトでは両親の介護が入っていないので、実際にはさらに悪くなるでしょう。60歳まで全力で働いて、40歳で持っていた2000万円の貯蓄が58歳で369万円まで減少。退職金で少し浮上するも、生涯収支(85歳)は－7324万円。人生100年と言われているので、1億円以上収支がマイナスになってしまいます。

このように定年退職し給与が途絶えた瞬間から、息ができなくなるようなシミュレーション結果なのです。この状態で、生涯の収支をサラリーだけに頼った人生設計は「非現実的」だという現実を理解しましょう。

◆Stage2 人生設計

あなたは何歳まで生きますか?

この質問に対する答えが人生設計のスタートになります。

私の計画では、80歳まで社会人として世の中に貢献し、80歳から100歳を老後としています。22歳から折り返しの51歳までの社会人前半がサラリーマン。51歳から80歳までの社会人後半はビジネスオーナー・・・その後がようやく老後となります。そして、前半のサラリーマンより、後半のビジネスオーナーのほうが稼ぐと決めました。

人生設計を決めるにあたって、効果的な策定方法があります。

まず、とても参考になったのは、ロバート・キヨサキ氏の名著『金持ち父さん貧乏父さん』の「キャッシュフロークワドランド」です。

また、前向きな思考回路をつくるために、ジェームス・スキナー氏の著書『成功の9ステップ』（KADOKAWA）も大変役に立ちました。もし読まれたら、それぞれからの気づきを1000文字のレポートとしてまとめておくことを強くお勧めします。

このレポートは、気持ちに迷いが生じた場合、読み返すと初心にもどれ、前向きに取り組める「あなただけの最強バイブル」となります。私もこのレポートを何度も読み返してここまでたどり着きました。

次に、人生の後半は何をして社会貢献ができるのかをイメージします。

サラリーマンとして長年生活していると、「会社のため」「お客様のため」は考えることがありますが、個人として「いかに社会貢献できるのか」は、なかなか考える機会がありません。その方法として、次の質問にどう答えるかを考えてみましょう。

・家族のためにどのような生き方がしたいか？

・地域社会への貢献はどのように考えているか？
・業界への貢献は何をしたいか？
・日本国への貢献はどのように考えているか？
・人類への貢献は何をするか？
・あなたの実現したい将来の夢は？

このようにセグメント（エリア）を区切って考えてみると、あなたにとっての具体的な社会貢献像（人生をかけたミッション）が生まれてきます。

また、前述した2冊の書籍の気づきとして書き留めた言葉を、各項目に入れるように考慮しましょう。

まずは箇条書きで思いついた言葉を並べ、最終的には400文字程度で項目ごとにまとめます。この社会貢献は、あなたが生きる意義、価値なので、お金儲けに直結する必要はまったくありません。あなたがワクワクする目標を書き出しておきましょう。

ここで書き出した内容が自分にとって魅力的であればあるほど、実現したい欲望が高くなり、具体的なアクションに繋がっていきます。

その夢を実現するための収入源として、不動産はあなたの人生に大きな貢献をしてくれます。人生の後半がスタートする時点までに、サラリーと同じだけの手残り（キャッシュフロー）が生まれるように準備しましょう。

私の現在（本書執筆時）の社会貢献を含めた、独立&事業のプランは以下の通りです。よかったら参考にしてください。

1. サラリーマン大家（兼業大家）さんのご支援を継続し、豊かな人生の仲間を増やします。
↓毎年30名のご支援を目標にし、コミュニケーションができる環境を継続
2. 幸せな生活のベースになる良質な住宅を供給し、街づくりに貢献します。
↓マンション・アパートの新築　及び　中古不動産の蘇生
3. 所有不動産を循環させ、業界の発展に寄与します。
↓新築不動産の半分の規模を目どにご縁のある方に譲渡
4. 子育て支援のビジネスを通じて、地域への貢献・グローバル貢献を実現します。
↓運営・展開いただけるNPO法人とのコラボレーション
↓シングルマザーが夢をもって生活できる支援体制の構築

5. 若手に経験を伝え、活力ある日本の未来を支えます。
↓大学院生&教授を目指しつつ、出版・メディア・塾運営にて若手を支援。
6. パラオのサンゴ礁を復活させ、日本の海をきれいにし、海洋環境保護に寄与します。
↓ダイビングファン（特に20代、30代）を増やし、サンゴの植樹を組織的に実施
7. 善良な市民として正しく納税します。

生きる上でのMission Statementは下記です。
■衣食住を通じて貴方の幸せに貢献します。
■〝Bigでチャーミング〟な大人になります。そして勲章をもらいます！

◆Stage3 サラリーマン大家

私の29年間のサラリーマン人生を分割してみると次のようになります。

入社～12年目の12年間　担当営業
12年～25年目の12年間　管理職（営業部長、事業部長）
25年～29年目の5年間　副事業部長（部下なし、担当部長）＆サラリーマン大家

それぞれが人生の勉強になりましたし、貴重な経験をさせてもらいました。管理職だった時代は、部下を含めて背負っている責任が重すぎて、漠然と感じている自分の将来への不安への対応など、考える余裕がありませんでした。

日々のお客様とのプロジェクト進捗、部下への配慮、ミーティング対策など、やるべき仕事に追われ、自分のことは二の次になっていました。

しかし、後半の5年間はとても充実した幸せな日々となりました。

会社の業務は就業時間で対応するように効率化を徹底し、その他の時間を活用して、サラリーマン大家として、年間数物件ずつ調達できるようになったのです。

サラリーと同じだけのキャッシュフローが得られるようになれば、会社からの経済的自立ができる。この大きな希望は、本業にも大きな成果となって現れました。

会社の仕事の中には、お客様のためになる仕事と、そうでない仕事にわかれます。

副事業部長として、中途半端な地位でのスタートを切った25年目は、「いつ首になってもおかしくない」「できることは何でもやろう」「特に上司に評価される仕事は最優先で取り組もう」と思っていました。結果的に内向きの仕事もかなりの労力で対応することができました。

不動産が購入でき、目標としていた数字まで収益があがることを実感してから、気持ちのなかで経済的自立を確立しました。このタイミングから労力の大半をお客様のためになる仕事に向けられるようになり、自分の考えが正しいと思えば胸をはって会社との交渉ができるようになりました。

その姿勢は、次第にお客様から評価をいただき、関連部門からの評価も上がっていきました。もちろん所属長との関係も良好に進み、サラリーマンでありながらストレスの少ない仕事が継続できたのです。

一方、私の通帳には25年かけて貯めたお金が、サラリーマン大家として、毎月エクセルで計算した通りに増えていくようになります。これがロバート・キヨサキ氏の唱える「経済的自立」なんだと強く実感しました。

サラリーマン大家として人脈をつくり、経験を積んで目標の規模まで資産構築するためには、できるかぎり長期で準備すべきでしょう。繰り返しになりますが、10年単位で計画を作ることになります。

不動産は大きな周期で相場の変動があります。これは銀行の融資姿勢と2～3年のタイムラグをもって相場が大きく上下するためです。

10年計画であれば、過去の実績からみると周期が一周するので、価格の安いタイミングで調達し、高い時に利益確定の売却ができるからです。その価格変動を使いながら、自分で所有し続けたい不動産は長期所有。資産構成としてもっていなくてもよい案件は売却ができます。

短期で計画すると、人脈・経験が乏しい状況で、買ってはいけない案件を調達してしまう可能性が出てしまいます。不動産は金額がかさむ買い物ですので、買うべきでない金額で調達してしまうと、そこから脱出するのに大きな痛みを伴う恐れがあります。

数年前に話題になりました「かぼちゃの馬車」もこのケースに相当します。私が「かぼちゃの馬車」の説明会に参加したのは不動産賃貸業として独立した後でした。

当時シェアハウスが注目を集めていた中で、華麗な入居者募集スキームの話（実はまったく機能していませんでしたが）は魅力的に感じました。ただ、あまりに出来過ぎの話でしたので、個別の面談はせずに説明会の会場から帰宅しました。タイミングが少しズレていて、サラリーマン大家として駆け出しの頃でしたらオーナーになっていたかもしれません。

今は、銀行の融資が厳しくなっているものの、物件価格が高止まりしており、あきらめて安値売却に踏み切るオーナーが少ない冬の時代です。言い換えれば、実績豊富で銀行からの信頼が厚いオーナーが、特別の情報に基づいて安価な調達ができる特別なタイミングです。

10年前のリーマンショックで銀行が一斉に融資を渋った結果、1〜2年後にファンドや業者からの放出物件で、不動産価格が大幅に下落した直前のような市場環境に思われます。このまま融資の厳しい状況が続けば、1年後にはどうしても現金化したい所有者が値を下げ、全体の相場が下落する可能性は十分あると考えられます。

このタイミングでは計画を作った上で、目標達成に向けて人脈作り・情報収集を積極的に進めるべきだと考えています。そして10年間の間に目標とする物件・キャッシュフローを獲得し、経済的自立を実現しましょう。

同時に、後半の独立&事業の具体的なイメージも準備を進めておくことが大切です。

◆Stage 4 独立&事業

サラリーと同程度の収益が、不動産から得られるようになったら、いよいよ経済的自立の時です。ぜひ社会貢献できる後半の人生に踏み出してください。

大切なのはタイミングです。サラリーマンを退職すると、しばらくは融資が厳しくなる可能性もありますので、サラリーと同程度＝独立は危険です。ぜひ慎重に判断してください。そして、一旦決断したら、大胆に目標に向かって前進しましょう。

ここでお話する独立&事業は、サラリーマンをリストラされて、退職金で独立・開業するのとは格段の差があります。生活費は不動産からの収入で確保できているので、家族との当面の生活は保障されています。

さらに、独立&事業する内容は、10年間にわたり考えてワクワクしてきた内容をスタートするのです。そして最高に幸せなのは、その事業では当面収益を期待しなくても問題ないことです。

40歳代に準備して50歳代で独立する場合、サラリーマン時代にできた各分野の仲間（人脈）たちは現役で大活躍中です。その人脈を生かしての事業展開も可能です。

サラリーマン大家として感じていた充実した幸せな日々は継続され、会社に捧げていた平日昼間の時間が自分の判断で使えるようになります。

あなたは、サラリーマン時代までにつくった人脈＋サラリーマン大家としてできた人脈＋新規事業にあたってできた人脈に囲まれて、自分の時間をフル活用できます。

サラリーだけで生活しようと考えていた時代と、思考回路も判断基準も大幅に変わります。

これは私が実感している事実ですし、同じ様な環境で、人生を謳歌している仲間が数多くいますので、皆さんにも必ず実現できると断言します。

コラム②

もしも・・・私がまだサラリーマンを続けていたら!?

■もしも・・・①私が今もサラリーマンで、不動産持っていなかったら

さて、ここからからは「もしも私がサラリーマンのままだったら・・・」をシミュレートしました。

「不動産を所有していなかったら」「両親の扶養・介護がはじまったら」「子どもが未成年だったら」の3パターンです。事実、あるタイミングでの判断が違っていたら、私自身もこのような環境に置かれていました。

47歳で副事業部長に降格した私は、名刺の肩書はあるものの、部下のいない営業担当部長のような中途半端なポジションになりました。もちろん、前任がいないので、引き継げる仕事エリアも責任範囲もない状態です。

所属していた事業部は、前年まで自分が担当していたので、どのエリアが手薄で、どこを強化すると数字が伸びるのかを考えるのは比較的容易でした。そのため、後任の事業部長に対しては、「引き継ぎ事業部を側面からサポートをする。手薄だったビジネスパートナー強化のエリアは自分の仕事としてここまで伸ばす!」と約束し、1年がスタートしました。

それまで、専任で担当する責任者がいないエリアであったため、高い目標を設定したものの、年度末には十分な実績が残せ、仕事を通じて新たな人脈と経験ができ、有意義な時間となりました。

49歳、50歳は3社あったジョイントベンチャーのビジネス推進も併せて担当し、ここも大幅に事業拡大ができました。副事業部長として約束してきた年間目標は毎年十分にクリアし、パートナー様もジョイントベンチャー様にもかなりご評価いただきました。

その間、48歳の時に人生設計・目標を書き換えました。人生80歳まで現役で生きたい。そのための収入源をサラリーマン大家として確保し、人生の後半は「衣食住を通じて貴方の幸せに貢献する」ことを目標にする。

これを実現するために仕事の余裕をつくり、不動産の勉強をスタート。51歳で早期定年退職&専業大家として独立し、今にいたっています。

ここから先は人生設計・目標を変えず、不動産とのお付き合いがなかった場合の推測ですが、29年のサラリーマン人生の延長線であること、及び同じ環境を過ごされた先輩諸氏の生き方から考えると、かなり当たっている確信があります。

51歳になった年、日本IBMでは初めて社長が外人になりました。IBM本社から見て、低迷している日本IBMの立て直しのために来日された方です。

日本人社長の時代から、人員のローテーションは所属長の業務として対応していました。時代によって変わりますが、自分の責任範囲の中で、業績のおもわしくない人は部外・社外に異動いただき、業績に貢献できる人をハイアリングすることをカルチャーとして取り組んできました。よって、リストラ&割り増し退職金の対象になる人は、前年・前前年の評価が一定以下である必要がありました。

外人社長は、来日している期間での利益向上を目指したため、評価に関係なく、事業ユニット毎にコスト低減（リストラ）の指示を出しました。

コストの低減から考えると、新人に比べて数倍の給与があった私は格好のターゲットになりました。リストラの候補になったからと言って、そのオファーを受けるか否かは、本人の判断が優先されます。他に収入源の無かった私のとれる選択肢は次の3つ。

①リストラのオファーを断り、そのまま勤務する
②IBMを退職し、自分の人脈から次の会社に勤務する
③IBMを退職し、独立起業する

まったく準備をしていなかった私は1日考えたうえで①を選び、そのままIBMでの勤務を続けました。前向きに仕事をし、業績としては良好な結果を出していたものの、外人社長のコストカット要請は毎年続きます。コストカットの目標が達成できない場合、所属長の評価が落ちるので、お互いに人生を賭けた交渉になります。

51歳の時は、継続してIBMに勤務することで難を逃れ

たものの、毎年リストラ候補として所属長とのやりとりが続き、ついに55歳の時に早期定年退職を決断。それまでの仕事から関係の強かったお客様の社長に懇願し、新たなサラリーマン生活をスタートしました。

ただし、雇用の条件として、サラリーはＩＢＭ時代の半分。雇用形態は「単年度契約で、最長60歳まで」という厳しい条件です。ＩＢＭからのリストラ退職金の割り増し条件は、毎年繰り返していたためか予算が枯渇しており、51歳の時と比べると半減していました。

そのため、56歳の1年間は驚くような収支になりました。55歳の給与に基づき、税金、保険が天引きされ、半減された月給から住宅ローンを払うと、お小遣いが無いばかりか、生活費すらままならない状態になりました。やむを得ず、専業主婦であった妻にもパートをしてもらい、どうにか56歳を乗り越えました。

パートに精を出してくれた妻の年収が扶養者を超えたため、年金・保険とも妻のパート代から支払いをする必要がでてきてしまい、より一層パートに費やす時間が増えていきます。

そして58歳の今、日本国は年金問題が話題になっており、「元気なうちは年金に頼らず働きなさい！」との風潮が蔓延しています。日本国の指導から、各企業も定年期間の延長策が社員に呈示されています。

ある会社のケースでは、65歳定年を希望する社員は、55歳から「シニアプログラム」との雇用体系に変更し、給与も減額されます。さらに60歳から65歳は単年度契約で、業績によっては契約延長しない権利を会社が保有しています。

定年延長は、会社の経営から考えると、人件費の増加・平均年齢の高齢化を招き、これまで想定していなかったＪｏｂを創造する必要があります。Ｊｏｂがつくれない場合は、外注していた業務をシニア社員にお願いすることとなります。

60歳でシニアプログラムに入る場合、所属長は40歳代。新入社員から育成してきた後輩に頭を下げ、外注していた業務をシニア社員として担当させてもらうのです。それまで会社で働いてきた誇りや貢献してきた自負は投げ捨てて、数年の生活のために外注していた業務を引き受けます。

私のケースで考えると、55歳で転職しているので、60歳定年のままです。さらに単年度契約のため、来年の保証もない状況に置かれています。

58歳の時、この後の人生を考えると、収入のあては次の3つ。

・私が勤務・労働して得るサラリー
・妻がパートで得るサラリー
・私＋妻の年金

60歳以降のサラリーは自分で確保する必要があり、55歳からお世話になっている会社にお願いできる状況ではありません。なぜなら、この会社でも「シニアプログラム」が発表されており、長年勤務してきた社員以外の例外がないからです。

60歳以降をどのように働くかは、あと1年半の間に探す必要があります。IBM時代から比べると、半減されているサラリーですが、60歳以降はさらに収入が減る前提での人生設計が必要になります。問題は、私と同じようにサラリーマンを卒業しているが、年金だけでは生活できず、働きたいシニアが大量にいる現実です。

私の収入が不安定なため、妻のパートは継続してもらうのが前提で、やっと生活できる状況です。幸い妻も私も、今58歳なので、65歳の年金支給からは若干好転しますが、将来にわたり、お金が自由に使えるなど考えにくい人生設計になってしまいました。

■もしも・・・②私が今もサラリーマンで、両親の扶養・介護がはじまったら

現在、父は88歳、母は85歳。東京の四ツ谷で元気に生活をしています。不動産からの収入があるため、箱根の実家から都内へ呼び寄せられました。姉が近くに住んでおり、毎朝、愛犬の散歩に両親を誘ってくれているため、健康管理・対処ができています。病気やケガもしますが、姉妹の献身的な支援により夫婦二人で生活できています。孫、ひ孫にも恵まれ、理想的な老後生活を楽しんでもらっています。

しかし、ここまでの道のりは安直なものではありませんでした。

前述した通り、父は80歳まで箱根で和菓子屋を営んでいました。閉店にあたり1000万円単位の資金が必要で、商売は始める時より、たたむ方が大変であると実感しまし

た。当時の私は50歳。IBMでジョイントベンチャーを担当していた時代です。

48歳からサラリーマン大家をスタートしていたため、閉店にあたっての費用も法人の経費として処理できたので事なきを得ました。

もしもサラリーマンのみであった場合、この1000万円は28年かけて作った自分の貯金2300万円から支払うしか方法がなく、法人に貸付し閉店していました。法人はたたんでしまうと、貸し付けたお金は回収の方法がなくなります。自分の老後資金として取っておきたいお金ですが、閉店処理に1000万円を使ってしまいました。

両親の住む箱根の実家は持ち家で、借入が無くなったため、年金で毎月の生活はまかなえるようになりました。

ここからは、サラリーマンのままで現在をむかえた場合の推測です。

閉店してから8年。サラリーでは呼び寄せができないため、まだ箱根での生活が続いています。年老いた両親が2人で田舎暮らしのよくあるケースです。この8年間で、それぞれケガ（骨折）や病気で数回入院をしています。そのたび特別な出費とともに、介護が必要になりました。

東京在住の我々では介護し切れず、長期入院、および受けていただける方にお願いして在宅介護が発生していました。その入院・介護には多額の現金が必要になり、半減していた自分の貯金を切り崩しての対応となってしまいました。

転職によりサラリーが半減している状況で、自分の貯金からの介護の支払いは想像を絶する苦しみを伴うことになり、ますます切り詰めた生活を迫られました。介護は予想がつかないタイミングで、予想がつかない費用が発生します。両親の最期を見届けるために、残っていた貯金は使い果たしてしまうでしょう。

22歳でサラリーマンをスタートし、55歳で転職。60歳で定年退職する時点で、親の介護で貯金を使い果たし、60歳以降の仕事は不安定。年金もあてにならず、住宅ローンはまだ残っている可能性がとても高いです。

■もしも・・・③私が今もサラリーマンで、子どもが未成年だったら

私は25歳で結婚し、26歳で長女、31歳で次女に恵まれま

した。51歳でIBMを早期退職し、不動産賃貸業として後半の人生をスタートした時点では、長女は社会人、次女は大学生で、あと2年間の学費を準備できれば社会人になってくれる家族構成でした。

今となっては早いタイミングで結婚し、子宝に恵まれたのはとても幸せでしたが、20代、30代はお金がなく大変な思いをしました。

仮に40歳で結婚し41歳で第一子、46歳で第二子に恵まれていたとしたら・・・。

58歳の今、第一子が17歳（大学受験）、第二子は12歳（中学受験）です。晩婚、それに伴う高齢出産が珍しくなくなった現代では、十分に考えられる家族構成です。

サラリーマンのままであったらリストラで転職し、サラリーは半減。親の介護でそれまでの蓄えは無くなっているでしょう。

さらに子育てでお金が必要な大学生と中学生を養っている状況です。やむを得ず、大学生は学資ローンを組んでもらい、下の子は中学・高校とも公立で頑張ってもらうことになります。大学の4年間で1000万円の学資ローンを組んだ場合、卒業後の10年で返済するとしたら、金利2・5%で毎月9万5000円の返済が必要になります。

サラリーマンで貯金が無く、生活もままならない私にとっては、この9万5000円の返済は引き受けられないので、働き始めた子どもに返済をゆだねるしかありません。

新入社員として社会に出た瞬間、薄給からの9万5000円の返済・・・とても厳しい社会人生活のスタートです。

親として、「この借金を子どもに負わせるのであれば、大学には行かず社会人になりなさい」と、苦渋の判断をしなければならないと思います。

29年間のサラリーマン人生から考えると、この3つのケースが人生設計に大きな影響を与える要因になります。

やはり、お金から自由になるためには、サラリー以外の収入源が必ず必要になるのです。

第3章

不動産投資で成功するため「今、すべきこと」「今、してはいけないこと」

不動産投資には「長い周期で四季がある」というのが私の持論です。季節の特徴をあげてみると、冬は「融資姿勢が厳格になる」といえます。現在は融資が非常に厳しくなっている状態・・・つまり季節は冬です。しかし、近い将来には、また春が訪れ、融資の道は開けるはずです。

本章では、次のシーズンに向けて万全の準備を進めるために、不動産業界における慣習や、ルールをご説明していきます。

1 不動産投資には決まった周期で「四季」がある

収益不動産の価格・利回りは「銀行の融資姿勢」が一番影響します。平成バブル以降も大きな周期で環境が変化してきました。

代表的な事柄をあげると、1990年の総量規制で平成バブルは終焉を迎え、その2年後、多くの不動産関連企業が倒産しています。

外資系企業が日本の不動産市場に介入し、マーケットは少しずつ持ち直していきま

衣食住を通じて貴方のしあわせに貢献

不動産市況の変化

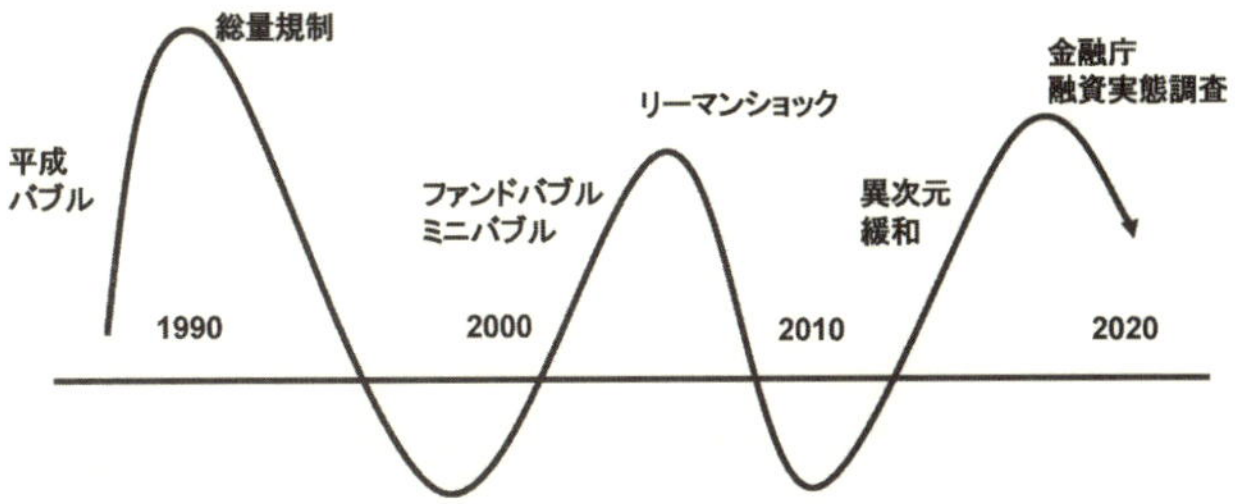

1990年　総量規制
2003年　積極融資により、「地方高額物件」「高速投資法」が脚光をあびる
2007年　ファンドバブル・ミニバブル。地価公示も大幅プラス
2008年　リーマンショック。銀行の融資一斉引締め・地下暴落＆多くの不動産業者倒産
2013年　異次元緩和
2016年12月　金融機関による個人の貸し家業向け貸出（アパートローン）の急増に対し、金融庁・日銀が監視を強めている
2018年　金融庁不動産向け融資実態調査

した。これが顕在化したのが２００６～２００７年頃のミニバブルです。

その後、２００８年のリーマンショックで銀行の融資一斉引締めから地価が暴落します。融資条件が厳しくなったことで、それまでの実績や高い頭金を重視するようになり、資本力のある方が安くなった物件購入を進める状況になりました。

そして２０１２年、アベノミクスがスタートし、２０１３年の異次元緩和

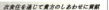

により、不動産賃貸業向けの融資条件も緩和されます。参入障壁が下がったことで大きな関心が向けられるようになりました。

次ページの図からもわかるように、不動産市況の変化はおよそ10年周期で繰り返されています。

現在は融資が非常に厳しくなっている状態ですが、近い将来は融資が出るようになるはずなので、今はそこに向けた準備が必要なタイミングだといえるでしょう。

この図では四季で表わすのが感覚的にわかりやすいので、春・夏・秋・冬と書いてあります。


季節の特徴をあげてみると、冬は「融資姿勢が厳格になる」といえます。

銀行と話をしていると、今が冬の時期であると特に感じます。「フルローンは昔の特例で、今はその特例が無くなっている」という話をたびたび耳にするからです。

そのため、最低でも自己資金2割が求められます。例えば2億円の物件だと諸費用を含めて5000万円、6000万円が必要になるので、買える人が少なくなるわけです。

一方、不動産価格はそこまで下がっていません。オーナーの方々は1、2年前の相

衣食住を通じて貴方のしあわせに貢献

不動産市況の変化

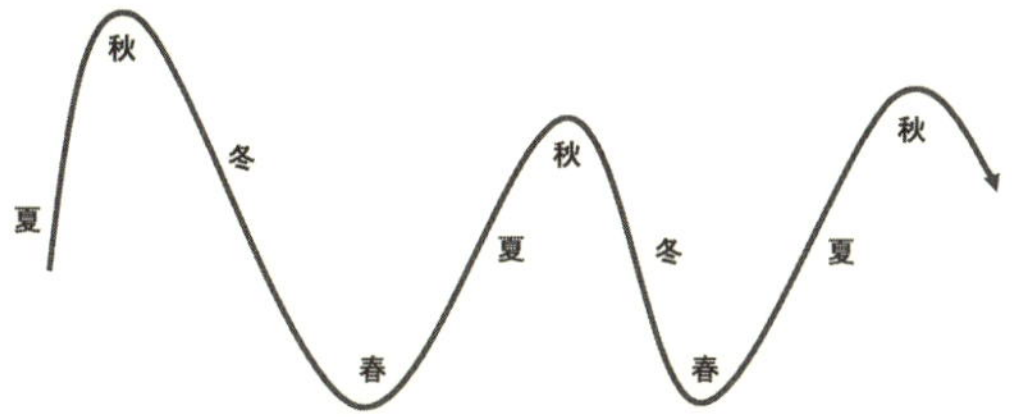

	融資姿勢	不動産価格	不動産業界	行動
冬	厳格	徐々に下がる		準備
春	通常	割安	倒産多発	買い　種まき
夏	積極（人による）	徐々に上がる		買い　育成
秋	積極	割高		売り　刈り取り

場を知っているので、すぐに現金化する必要がある物件以外は、値下げをして売るというアクションを取る人が少ないからです。

不動産価格は徐々に下がってきているのですが、暴落する状態にはなっていません。

こういったタイミングのときに、これから不動産投資をおこなう人が取るべき行動は、買える状態になるための準備です。

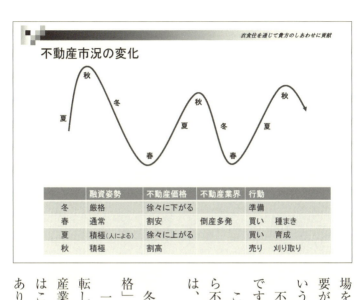

冬が過ぎて春になると、融資姿勢は「厳格」から「普通」に変わっていきます。

一方、先ほど解説したように、市況が反転したあと、2年後くらいに倒産する不動産業者の数が最も増えるため、不動産価格はこのタイミングが一番割安になる傾向があります。つまり、高利回り物件が手に入る可能性が上がるチャンス到来です。

夏になると、融資姿勢は「積極的」に変わります。ただし、いくら夏といえども、全ての人に対して積極的になるのではなく、あくまで「人による」という状況は変わらないといえます。

そして収穫の秋には、銀行の融資姿勢も最高潮の「誰にでも積極的」に変わります。２０１５年、２０１６年の融資の状況はまさにそうでしたが、融資姿勢が積極的になるのに比例して買いたい人が増えるので、不動産の価格は割高になります。

したがって、このタイミングで参入するのは、物件を高値で掴んでしまう恐れがあるので注意が必要です。

一方、既に不動産賃貸業として活動していて、売却できる物件を持っている人にとっては絶好の売り時になります。

こうした大きな周期をうまく活用して、安いときに利回りの良い物件を買っておき、融資が積極的になったタイミングで利益を確定すれば、収支状況も改善されて次のステップに行くことができるようになります。

2 「冬」の今が準備のチャンス

サラリーマンで給料をもらっているというのは、銀行から見て「お金を貸しやすい人」を意味しています。

ただ、今はかぼちゃの馬車やスルガ銀行などの問題により、サラリーマンがアパートローンを組むのは難しくなっています。それはサラリーマンに全ての責任があるわけではなく、一部の金融機関・不動産業者・ハウスメーカー・アパートメーカーなどにもあるといえます。

繰り返しになりますが不動産業には「春夏秋冬」があります。季節は10年くらいのスパンで移り変わりますが、今は「冬」の時代です。

もちろん、このまま冬で終わるわけではなく、必ず春がやって来ます。

現在は、不動産投資に対する融資が厳しくなり、不動産を売りたい人が売れなくなって物件相場は徐々に下がってきています。つまり、スタートするのにとても良いタイミングだと考えられます。

私が不動産を買いはじめたときも、リーマンショック後で融資が非常に厳しいときでした。金利4・5%のS銀行以外はどこも貸してくれなかった時代です。

リーマンショックの数年前には都銀Sなど、融資に積極的な金融機関はいくつもありました。残念なことに、その時期には不動産投資にまったく興味がなかった私は、リーマンショックによって融資が厳しくなったタイミングでの不動産投資スタートとなりました。


現在は、融資の厳しさに比例して、物件を買える人が少なくなりました。加えて、景気の悪化などを理由に物件を売りたい人は増加傾向にあります。

よって、訳ありの掘り出し物件が必ず出てきますので、今のうちに準備をしておくのは非常に意義があります。これはまさに私が不動産投資をはじめたタイミングと似ていて、当時も今では考えられないような高利回り物件が出てきていました。

つまり、「歴史は繰り返す」のです。優良案件のチャンスに備え、皆さんの準備も急がねばなりません。

ただし闇雲に突っ走っても不動産投資は成功しません。そこで次項から、この冬の時代のサラリーマン大家として「今、すべきこと」、逆に「してはいけないこと」を、私の経験からお伝えしていきます。

3 「今、すべきこと」① 10年計画をつくる

まずは「10年計画を作る」ことからスタートです。銀行の融資方針は長期で借りやすい・借りにくいが繰り返されます。2017年年末の金融庁のガイドラインに端を発して、いろいろな問題が顕在化したため、収益不動産への融資は厳格に審査されるようになりました。

しかし、厳しくなったわけではありません。融資が出なくなったわけではないのです。あくまで特例が無くなっただけです。

不動産投資の現状のおさらいですが、2017年以前は収益不動産にフルローン、オーバーローンの融資がついていたケースが数多くありましたが、今は2割の自己資金を求める銀行が大半を占めるようになりました。

一方、銀行の融資が厳しいので、現金化したいオーナーさんは、値下げをして売却します。この流れで割安な収益物件が出てきます。

サラリーマンの皆さんは、今、無理に収益不動産を購入しなくても生活できます。

遅かれ早かれ物件価格が下がり、融資条件が緩む銀行が出てくるので、春が来るのを待ちます。

このような流れにより、今は大家デビューをイメージして10年計画を作っていくのがベストな選択だと思います。

4 「今、すべきこと」② 情報が入ってくる仕組みをつくる

収益不動産は情報が命です。同じ物件は一つしか存在せず、利益の出る物件は誰もが狙っています。

そのなかで、プランに沿ったタイミングで収益の上がる案件を所有するためには、情報が入ってくる仕組みづくりが欠かせません。これは冬の時代であってもできますので、ぜひ今から取り組みましょう。

具体的には、次の3つが有効です。

・コミュニティに入る
・セミナーに参加する

・メンターをつくる

現在、私からみて有効な不動産コミュニティは以下となります。

・The Club（株バトラーズ主宰）登録制・年4回定例会開催
7年間継続されており、不動産に興味を持つ初心者から上級者まで集まり、人脈形成に役たちます。年会費はとっていないので、参加時の飲食代のみ負担。

・CLUB GIAN（木下たかゆき氏主宰）年会費制・年末に募集（自薦＋メンバー推薦）
私は2019年より参加しています。年会費が高額なために、不動産へのパッションが強いメンバーが集まっており、活気ある会です。自分とは違うアプローチで、不動産賃貸業を推進している新しい友だちが増えて刺激になっています。

・Diamond Club（白井知宏　主宰）非公開・年6回定例会開催
前著出版時のキャンペーンに参加された方中心のコミュニティ。購入特典で「60分個別コンサルティング（面談）」をプレゼントしました。その仲間たちとのコミュニケーションの場として、年間6回「Wineの夕べ」を開催しています。参加時の飲食代のみ負担。

コミュニティやセミナーでは、仲間を見つけたり、憧れる先輩・先導者に話しかけて、メンターになってもらうよう積極的に交友を深めましょう。待っていても道は開けません。

5 「今、すべきこと」③ 自宅を見直す

収益不動産への融資は厳正な審査が行われていますが、住宅ローンの融資は活発です。実際に統計値から見ると、収益物件の価格は下落していますが、区分マンションの価格は上がっています。

全国平均でも区分マンションは対前年で上昇、一棟アパートは対前年で見ると下落、一棟マンションも対前年で見ると下落しています。

□区分マンション	2018年5月	価格1430万円		利回り7・71％
	2019年5月	価格1599万円	（上昇）	利回り7・36％
□1棟アパート	2018年5月	価格6790万円		利回り8・94％
	2019年5月	価格6499万円	（下落）	利回り8・81％
□1棟マンション	2018年5月	価格16067万円		利回り8・05％
	2019年5月	価格14976万円	（下落）	利回り8・36％

このタイミングで住宅ローンを使える自宅を見直してみてはいかがでしょうか。

◆自宅の見直し①　自宅の価値を知る

「まずは近くの不動産屋で、売却する場合の相場を聞く」

今、自分が住んでいる家がいくらなのか。これは、近くの不動産屋に飛び込みで入って確認しても簡単に教えてもらえます。

「実勢価格－ローンの残債」は立派な金融資産になりますので、この相場観を確認しておくのは非常に大事です。10年計画を具体化する大きな財産になるので、ぜひ確認しておきましょう。

そのうえで、返済を減らすために住宅ローンの借り換えをシミュレーションしてください。借り換えるだけで毎月の支払いが数万円も変わる可能性があります。

◆自宅の見直し② 自宅を売却して物件購入
「実勢価格－ローン残債が大きい場合、売却して転居することを考える」

ここで検討する転居は、豪華・高価な自宅ではなく、自宅の含み益を現金にして、金融資産を厚くするためのものです。この自宅プランを10年計画の中に組み込んで考えましょう。

個別面談をした人の中には、自宅の売却益に3000万円控除を使って現金として保有し、低金利の融資を受けて収益物件を購入した方が複数名いらっしゃいます。

住宅ローンが活発に融資されている今だからこそ、自宅の見直しというのは効果があると言えるでしょう。

私が2016年に新築したアパートは総額8000万円で、家賃60万円／月、ローン・諸費用引いて、月額の手残りが23万円のものがあります。

自宅の売却益を金融資産として保有し、融資が引けた場合、このアパートと同程度の収益物件オーナーとなると、23万円手残りがあります。

収支をわかりやすくするために、

・現行住宅ローン　13万円／月
・転居先の家賃　20万円／月
・売却による手残り　3000万円
・購入収益物件　8000万円
・自己資金　400万円
・月額の手残り　23万円

とすると、

現状　支出　13万円／月a　（住宅ローン）
転居後　支出　20万円／月b　（転居先の家賃）
収入　23万円／月c　（アパートからの収入）
月額収支　＋16万円／月　（a－b＋c）
金融資産　＋2600万円　（3000万円－400万円）

このように転居したあとは、転居先の家賃が20万円になるので、支出が13万円から20万円に増え、月額7万円マイナスになります。

その代わり、アパートからの収入が毎月23万円プラスになりますので、月額の収支としては、23万円－7万円で16万円のプラスになります。

金融資産としては自宅の売却益の3000万円から、アパート購入の自己資金400万円を引いた2600万円が金融資産としてプラスになります。

◆自宅の見直し③　賃貸併用住宅を新築

「賃貸住宅よりも持ち家」という方には、賃貸併用住宅を検討する

ロバート・キヨサキ氏の『金持ち父さん貧乏父さん』には、「自宅は負債」と書かれています。

しかし、住環境は人生において非常に重要な要素です。特に、今は別居しているけれど、将来は一緒に住みたい家族がいる場合、どう実現していくのかを10年計画のなかでイメージしましょう。

そして2世帯住宅を検討するならば、賃貸併用住宅を選ぶ道もあります。

賃貸併用住宅は住宅ローンが適用されるので、収益物件の融資が厳しい今の時代の

有力な選択肢の一つといえるでしょう。気に入った土地に2階建てのマイホームをつくって、1階は賃貸として貸出、2階に住居する場合を想定して試算します。

土地・建物の総額が1億円で、フルローン、諸費用500万円のケースで考えてみましょう。

売却による手残りは3000万円、賃貸は1階の2部屋。家賃プラス管理費で7万円、月14万円とします。

現状の住宅ローンが13万円ですが、転居後は借入が1億円になるので、35年0・75%返済の場合は、毎月の返済が27万円になります。

しかし、1階の賃貸収入が14万円あるので、月額の収支は同額になります。金融資産としては3000万円マイナス500万円なので、プラス2500万円になります。

土地建物の総額　1億円　フルローン（金利0・75%、35年）諸費用　500万円
売却による手残り　3000万円
賃貸は2部屋　1部屋の家賃+管理費　7万円　合計14万円／月とする

現状　支出　13万円／月a　（住宅ローン）
転居後　支出　27万円／月b　（住宅ローン）
収入　14・0円／月c　（アパートからの収入）
月額収支　同額（a－b＋c）
金融資産　＋2500万円　（3000万円―500万円）

さらに賃貸部分は将来の親族のスペースとしても転用可能です。

加えて、住居売却による手残りから金融資産として、2500万円貯金が増やせます。今は賃貸用でお話ししましたが、ここを民泊やホテルとして運用している友人もいます。選ぶ土地によりますが、賃貸の2倍から3倍の収益を得られるケースもあるため、出費を0にできる時代になりました。

その場合の試算は以下のとおりです。

現状	支出	13万円／月ａ	（住宅ローン）
転居後	支出	27万円／月ｂ	（住宅ローン）
	収入	28万円／月ｃ	（民泊・ホテルからの収入）
	月額収支	＋14万円／月	（ａ－ｂ＋ｃ）
	金融資産	＋２５００万円	（３０００万円－５００万円）

家賃収入の14万円が28万円になるので、月額の収支がプラス14万円になります。

◆自宅の見直し④　収益物件取得後、賃貸併用住宅を新築

当然、②に書いた「収益不動産、アパート」を購入したあと、③の「賃貸併用住宅」も買えます。

しかし、③の賃貸併用住宅を先にすると、個人としての借り入れが大きくなり、収益不動産の融資にマイナスになってしまいます。

ですので、順番としては収益物件を持ってから、状況を見て自宅の新築に取り組む、次の2stepを踏んでいきましょう。

Step１：アパート購入時
現状　支出　13万円／月ａ　（住宅ローン）
転居後　支出　20万円／月ｂ　（転居先の家賃）
　収入　23万円／月ｃ　（アパートからの収入）
　月額収支Step１　＋16万円／月（ａ－ｂ＋ｃ）
　金融資産　＋２６００万円（３０００万円―４００万円）
☆月額収支　＋16万円（ａ－ｂ＋ｃ）金融資産　＋２６００万円

Step２：賃貸併用住宅（民泊・ホテルケース）
現状　支出　20万円／月ｂ　（転居先の家賃）
転居後　支出　27万円／月ｄ　（住宅ローン）
　収入　28万円／月ｅ　（民泊・ホテルからの収入）
　月額収支Step２　＋21万円／月（ｂ－ｄ＋ｅ）
　金融資産　＋２１００万円（２６００万円―５００万円）

☆月額収支　Step1　16・0万円＋　Step2　21万円（b－d＋e）＝37万円／月
金融資産　＋2100万円となります。
（一旦は賃貸住宅（20万円／月）に転居した上で、賃貸併用に転居し、住宅ローンは民泊・ホテルの収入でまかなうモデルのため）

この2stepだけで37万円×12ヶ月＝450万円もの年収追加となります。たとえ冬の時代であっても、住宅ローンをうまく使えばこれらが実現できる可能性もあるということです。

6 「今、してはいけないこと」①　新築ワンルーム投資

サラリーマンとして年収1000万円を超えたのはいいものの、「給与とボーナスの額面が増えているのに、どうして使えるお金は増えないのだろう?」「いくら働いてもお金が貯まらないな・・・」「給与明細を見ると、お小遣いをはるかに超える源泉徴収の数々。所得税、住民税、厚生年金・・・。何故こんなに天引きするんだ?」と嘆かれる方も多いでしょう。

実際、私自身もサラリーマンの時にそのような不満を持っていました。

そんなとき、先輩から不動産投資を紹介してもらいました。絵に描いたようなサラリーマン向けワンルーム投資です。営業担当からは次のように言われました。


「フルローンなので、初期費用は必要ありません。すべてジャックスからの融資で賄います。毎月の収支はトントンですが、生命保険を兼ねているので、既存の保険を解約すれば毎月プラスになりますよ。確定申告で源泉徴収された税金も還付されます。さらにローンの残高は家賃返済で毎年減っていくので、完済後は家賃が年金代わりになります！」


このシナリオを信じてワンルームを3部屋購入したのが、私の不動産投資のスタートになりました。

しかし、問題は後から発覚します。月額の収支がトントンの状況なので、空室が出ると収支が一気にマイナスとなります。よって、毎年の確定申告では、不動産収支は大幅マイナス。給与所得から損益通算して還付をもらう年が続きました。

その後、収益不動産で事業収支を上げようと計画を変更し、収益不動産を探したのです。しかし、どの金融機関に相談へ行っても「不動産収支がマイナスの方には、事業用不動産の融資は無理です」と断られました。日本政策金融公庫ですら融資してもらえなかったのは非常にショックでした。

年収1000万円を超えている方であれば、どこからか必ず名簿リストが流れ、投資用新築ワンルームの営業が来ると思います。これを買って給与と損益通算し、確定申告で還付をはじめると、収益不動産の融資が出なくなるため絶対に避けてください。営業トークを聞くと思わず納得してしまいますが要注意です。

7 「今、してはいけないこと」② 転職

銀行がサラリーマンに融資を出しやすい理由は、安定した「給与所得」があるからです。

実際には、いつリストラの嵐が来るかわからない、精神的には決して安定している状況ではなくても、銀行の稟議上、最強の担保条件なのです。

融資の相談に行くと、必ず3年分の確定申告書、または源泉徴収書提示を求められます。この3年間の間に転職をしていたら、稟議に転職理由と、今後も継続して今の

会社に勤めるため、担保として信用できる理由を作文し、承認を取る必要があります。融資を出す（稟議を書く）銀行担当者からすると、担当者個人では確約できない内容を稟議に記載しなければならないので、嫌がられる可能性が高くなります。

融資にあたり、マイナスになる点は極力避けるべきです。

もしあなたが40歳で、50歳までにサラリーと同額の収益物件を所有したいのであれば、転職をすべきではありません。

41歳で転職した場合、転職先の会社から3年分の源泉徴集書をもらえるのは45歳になります。勤務先を変えなければ、40〜50歳の10年間で準備できるものが、41歳で転職してしまうと、源泉徴収を3回もらうまでは融資を受けることが難しくなります。そのため、42〜44歳が動けずムダになり、45〜50歳の5年間で準備をしなければなりません。

収益不動産とはいつ出会えるかわかりません。常時、準備できている状態がとても大切になります。

8「今、してはいけないこと」③ 現金を減らす行動

融資の条件は、個人の金融資産によって大きく変わります。

よって、手持ちの現金を減らすことは絶対に避けなければなりません。

『金持ち父さん貧乏父さん』におけるラットレースのくだりは、妙に納得された方が多いと思います。実際、年収が上がると豪華な家に住み、車を買い替え、休みには海外旅行。税金もどんどん上がって、「給与は増えたはずなのに現金が無い！」という状況に陥ってしまう人が多いものなのです。

このような生活は少しだけ我慢しましょう。自分の人生で実現したい目標は、山登り後半の50~80歳で叶えるのです。

サラリーマンの間に、後半の生活のベースになる収益不動産を持っておくのは、あなたの人生において、実現したい環境を手に入れる最重要課題であるはずです。

金融資産の見せ方は次章で説明しますが、現金はうまくコントロールして、少しずつでも増やせるように生活しましょう。

コラム③

白井知宏の不動産投資「春夏秋冬」

※2012年より現在

■「冬」の時代にはじめ、「春」で勢いをつけた私の不動産投資

本章で繰り返した「不動産の市況は四季で例えられる」という例えは、私自身の経験にも基づいています。このコラムでは、私の不動産購入・売却を四季に分けてご紹介していきます。

リーマンショック後の「冬」に、私は不動産賃貸業に参入しました。

冬の時期の融資は厳格で、サラリーマンに融資をしてくれる銀行は非常に少なく、私に目を向けてくれるのはS銀行だけです。そのため、S銀行の融資が通る物件を探してもらって買うという日々が続いていました。

S銀行は金利が高いため、融資を受けて収益が上がる物件を選ぼうとすると、どうしても表面利回りの高いものに絞られます。

今から考えると、結果として高利回りの物件を集めることができ、季節は冬ではあったものの、幸先の良いスタートが切れたと感じています。

次に「春」。

春の時期の特徴は融資が通常に戻り、割安な不動産がみつけやすい状況です。これは私にとって、2012年、2013年のことです。

2012年9月、私はIBMを退職して10月から不動産賃貸専業で事業をスタートしています。そして2013年の3月までの半年の間にマンション2棟、木造2棟の計7億円の収益不動産を購入できました。

結果的に、サラリーマン時代に買っていた物件と合わせて10億円超えの資産を持って事業をスタートできました。

このとき、「春」でとても大事だと思ったのは、「パラメーターを単純にする」です。

不動産購入にあたってはさまざまな判断基準があり、全

てを完璧に満たす不動産は存在しません。では、選択肢の多いなかで、どのように判断して物件を購入していけばよいのでしょうか。

収益物件として魅力のある物件（収益性なり立地なりの運営状況、築年、積算）は一般市場には出ずに、業者から上得意の客の手に渡っていきます。

そのなかで収益物件を獲得していく方法としては、「信頼できるパートナー（仲介）を決める」、「信頼できるパートナー（仲介）に必要な物件のスペックをきちんと伝える」、「情報がきたら即断できるように準備する」。この3つが求められます。

これらを実現するためには、物件のパラメーターを単純にする必要があります。

探す人も探しやすく、紹介いただいた物件の判断も早くなるからです。

2012年7月、私は29年間勤務したIBMを退職すると決めた時点で、収益不動産は30室、資産は3・7億円でした。キャッシュフローは1500万円程度ありましたので、後半の人生をスタートするための収入源としては、とても心強い状態にありました。

9月末の退職に向けて準備している中で、収益物件の目標を10億円から20億円に変更したことで、当時の私にとって一番大切なパラメーターが「スケール・規模」になりました。

パートナー（仲介業者）に依頼したのは、Y銀行から融資が出る2～3億円規模のRC造物件でした。

その結果、Y銀行からのご支援が確定し、半年で7億円の融資をいただき、所有不動産が10億円を超える規模になりました。この「春の時代」にまとまったご融資で規模の拡大ができたのは、「冬の時代」に準備ができていたからです。

S銀行のみが融資をしてくれた時代を経験し、情報が入ってくるルートをつくり、目標を決め、メンタル面でも経験を積んでこられたのが大きいです。なにより即断して前進できる判断力が養われていたのが成功要因だと考えています。

■夏の時代のスタンス

私の感覚だと、「夏」は2014年と2015年が該当すると思っています。

夏の特徴は、融資の姿勢が「積極的ではあるものの、人による」ということです。ですので、資産背景があったり年収が高かったりする人には融資が出やすくなっていました。

２０１４年、私は「モデリング」というパラメーターにフォーカスして活動していました。２０１５年は「消費税の還付」を中心に活動しています。

２０１３年の春、独立して半年が経過したのですが、29年間一緒に働いてきた仲間たちとほとんど連絡していないことに気がつきました。ごく少数の友人は、「なんだか上手くいってそうだね。どんな感じ？」とコンタクトして来てくれました。

当時にお付き合いしていた信頼できるパートナー（仲介さんは、中古の収益物件を扱っていたため、何人か紹介したところ、仲介の営業さんは優先的に良さそうな案件を探し出してくれました。

友人の立場からすると、買って大丈夫かどうか判断できないので、「資料を見てほしい」「一緒に物件を見に行ってほしい」と言われ、このときのスケジュール調整は困難を極めました。

友人はサラリーマンとして働いているし、私は不動産賃貸業としてほぼフル活動している中で、仲介の人を含めて出てきた案件を、すぐに見に行って判断するのは非常に難しい活動だと感じました。

結果として、良い物件はすぐに他の人に買い付けを入れられてしまい、物件取得までたどり着く人はごく少数でした。

２０１３年はアベノミクスと異次元緩和で金融環境が激変し、サラリーマンの年収を担保にフルローンが期待できるようになってきました。不動産市況にとって、春から夏に変わったタイミングです。

２０１４年、友人からモデリングいただけるように新築のアパート建売会社U社さんとの関係を強化するように注力しました。金融機関にも友人たちを紹介でき、彼らの大家デビューが続きました。一方、売却については、異次元緩和の影響からリーマンショックで頓挫していた渋谷区アパートの地区再開発が決まり、良い条件での譲渡ができました。

２０１５年は消費税還付にフォーカスした年でした。還付の仕組みの詳細は割愛しますが、法人として消費税の課税売上をつくる必要があり、課税売上割合に応じ払い過ぎた消費税が還付されます。

アクションとしては、課税売上は物件譲渡して建物部分を課税売上にする。支払い消費税は、その会計年度で取得する案件はその法人に集めることで挑戦しました。その法人の年間売上は、売却については建物が6000万円（課税売上）、土地が2700万円（非課税売上）となり、課税売上割合は68％となりました。そのときに発生した預かり消費税は480万円です。

この法人で1年間に取得できた不動産は8億円でした。土地建物比率は60％でしたので、8億円の60％、4・8億円に対して、支払い消費税8％で3840万円が支払い消費税です。

還付のロジックとしては、（支払い消費税―預かり消費税）×課税売上割合ですので、3840万円―480万円に68％をかけて、2284万円が還付対象の消費税になります。決算した結果、ほぼ計算通りの還付になりました。

さらに翌年税務調査も無事に通過して、税制が変わる前だったので3年後の再計算の対象にもならず、今期から非課税事業者になっています。

■秋の時代のスタンス

秋の特徴は融資の姿勢が「積極的」で物件価格は割高となります。前回の秋は、2016年、2017年と考えています。

2016年のとき、私が考えていたパラメーターは「キャッシュ」・・・つまり、いかにお金を残すかでした。2017年には、「キャッシュフロー」をいかに上げるかを考えて活動しました。

春の時代（2012年）、サラリーマンを辞めてすぐに購入した横浜市緑区のマンションは、築25年のRCファミリー27室、表面利回りは11・15％、満室想定で月100万円以上のキャッシュフローを生み出すお宝不動産のはずでした。しかし所有してみると、600坪の土地に3LDK×27室の運営は、徐々に心労が溜まるようになってきました。

まずはじめは、不動産取得税の請求書が届いたとき（緑区の物件を取得して1年半後）、なんと700万円以上の金額でした。購入時、不動産取得税は分かっているのですが、時間差で請求が来るので要注意です。

覚悟はしていたのですが、いざ原本が届いてしまうと工面して払うしかありません。物件の売却をせずに不動産を増やしていた当時、手元の資金は新築の頭金にと計画していたので現金が足りません。やむなく銀行へ相談に行きました。銀行の返答は、「物件購入の資金は融資できますが、納税費用については融資できないですよ」というものでした。

独立して半年で購入した不動産は、7億円。その取得税は合計で1000万円を超えました。一気にキャッシュが無くなってしまい寂しい思いをしました。

横浜市緑区はとても自然環境に恵まれ、静かで資産価値の高いマンションでしたが、その自然環境をキレイに保つための手入れは大変でした。業者を発注して植栽の手入れが必要で、敷地が広いためにお金もかかります。裏庭には大木が数本あって枝おろしも必要です。また、ファミリー27室なので貯水槽があり、毎年メンテナンスが必要です。貯水槽にはセンサーが付いており、センサーが発報する都度、管理会社が駆けつけます。

さらにエレベーターがあり、毎月かかる電気代、プラス保守費用で10万円程度はキャッシュが出ていきます。これは1部屋分の家賃に相当するお金です。築年数が経っているので、毎年義務付けられている消防点検では毎回手を入れるべき箇所が連絡され、対応が必要になりました。

加えて、満室で引き継ぎましたが空室が出ると、駅までバス便なので埋めるのが大変でした。築25年超過なので、空室になると全室フルリフォームです。1部屋300万円程度の出費が毎回続きました。

さらに恐れていた大規模修繕も、そろそろ必要な時期という物件でした。

一方、不動産の資産構成から注力していた新築マンション、新築アパートは2016年から順番に完成して当面は手がかかりませんでした。

物件取得には必ず自己資金が必要なので渋谷区アパート、江東区豊洲区分マンションの譲渡で得た現金も限りがあります。キャッシュを厚くするために所有する不動産の売却活動を始めました。

以前からお世話になっていたN不動産のM部長から連絡をもらったのは、そんなタイミングでした。「横浜市緑区のマンション、業者さんに売却しませんか？　相手が業者さんなので、瑕疵担保責任免責でいけます。その代わり、売却金額は4億1000万円です。これ以上の金額は出ません」と言われました。さらにM部長からは、「私の目から見ると、今この条件でまとめたほうがいいですよ」というコメントをいただけました。プロの目から見たリコメンデーション、これは本当にありがたかったです。

2016年の夏、私はこの物件を譲渡しました。すぐ後の9月に個人のアパートローンの急増に対し、金融庁、日銀が監視を務めるという記事が出て以降、融資が大変厳しくなったので、タイミングとしては非常に恵まれていたと感じます。

4億1000万円で仲介手数料、諸費用を除いて、約4億円が振り込まれる金額になります。この物件を購入するにあたって、Y銀行から3億5000万円の融資をいただいていました。これは22年返済、10年固定金利という商品です。そのときの残債が約3億円でした。

なんと、この10年固定の融資は一括返済すると2％の解約ペナルティーが必ず発生する契約になっていました。3億円の2％はなんと600万円。このペナルティーは横浜銀行から社外に支払われるため、横浜銀行としてはいかようにも調整できる幅がないと譲歩していただけません。その後、数え切れないほど交渉に伺いました。

最終的には、その他で融資いただいている残高3億円程度の金利を引き下げてもらうことで合意をしました。このとき痛感したのは、収益不動産は買う権利も大家にあるけれど、売却する権利も持っておくのが大事ということです。

■冬の時代の恵み

2010年に購入した品川区のアパート（5室）は、2015年のクリスマス前に下水の本管に通じる部分でパイプが詰まってしまいました。管理会社からの連絡は今でも思い出す驚愕の内容でした。

「下水本管との間のパイプが詰まったため、2、3階の4部屋からの汚水が1階の部屋に逆流して床上浸水になりました。お風呂の排水溝からボコボコと汚水が溢れ出し、リビング、居室とも全て汚水で床上浸水です。家具は全滅、住める状態ではありません」

すぐにお詫びを兼ねて打ち合わせに伺い、入居いただいている方にはクリスマスからお正月までホテル住まいしていただき、大至急転居いただける部屋を探してもらいました。

汚水管が詰まった原因は特定できませんでしたが、排水の高圧洗浄をしていれば発生しなかった可能性もあります。

1階の入居者は新築時から25年間ご利用いただいていた方で、大変なご迷惑をおかけしてしまいました。年明けから1階はフルリフォームを開始してピカピカの状態に戻しましたが、事故対応を含めて300万円以上の出費になってしまいました。

この物件を紹介いただいた営業マンと相談をして、6900万円で次の方にお譲りしました。購入資金は5700万円だったので、事故対応費用を含めても次の新築の頭金に使えるお金が残りました。

2010年に購入しているので、2016年は正月を5回過ぎて長期譲渡取得になり、税金面でも良いタイミングになりました。さらに2008年のリーマンショックのあと、2009年、2010年は「平成21年及び平成22年に取得した土地を譲渡した場合の特例」がありました。

長期保有（5年超）で譲渡した場合は、その土地の譲渡所得の金額から1000万円を控除できる税制です。この制度は購入のときから知っていて、2016年以降でうまく譲渡できたらいいなと思っていた物件です。1500万円の譲渡益が出たのですが、この特例を使って非常に少ない金額の納税で済みました。

2016年は、サラリーマン時代に購入していた事務所2部屋も売却しています。

この事務所は、ワンルーム3部屋を購入して確定申告で不動産マイナス申告、還付を受けていたために収益物件の融資が出ない中、S銀行に支援いただき、今につながったありがたいお宝不動産です。

東京都中央区の区分事務所で、2008年に購入の2部屋は築地で会社を営まれているオーナー所有でした。リーマンショックの影響もあり、本業の経営状態が悪化し、債権・債務が絡まった任意売却の案件を安く譲っていただいたのです。

1部屋はオーナー様使用だったので空室で譲り受け、2008年、実需の方に譲っています。もう1部屋は、築地の大手寿司チェーンが研究所として利用していました。

2016年の景気の高揚に合わせて、寿司チェーンの業務が拡張され、研究所も手狭となり転居されました。大手法人でしたので、契約に則り綺麗に現状回復していただき、賃貸と売却で募集開始したところ、築地の法人様でご購入の希望をいただきました。

購入価格は3810万円、売却価格は6880万円です。所有の8年間は空室がなく、毎月30万円程度の家賃を稼いでくれました。

横浜市西区の区分事務所も2016年に売却しています。

1棟の4、5階の事務所でリーマンショックのあと、2008年に購入しています。2フロアとも同じ学習塾の本社として利用いただいていたのですが、こちらは業績悪化です。資金繰りから家賃の支払いが滞るようになり、仲介に入っていた管理会社と、「払わないなら退去してくれ」という交渉を続けた結果、4階は返却、5階は継続利用となりました。

ただし、「今後に家賃が滞った場合は即時退去します」という条件での合意になりました。

空室になった4階は、同じく賃貸募集と売却の活動を開始し、5480万円の売却希望価格に対して、4800万円と4900万円の2本の買い付けをいただきました。競わせたつもりはないのですが、値引きに良い返事をせずに待っていたところ、満額で買い付けを入れていただき譲渡できました。

■季節に応じてスタンスを変える

ここでは、2016年以降の不動産の新築及び所有物件の売却について話をします。

2016年以降、私はマンション5棟、アパート5棟を新築した一方、マンション1棟、アパート1棟、事務所2部屋を売却しています。

新築・譲渡を繰り返した理由としては、以下の3つの理由があります。

・融資が緩く、中古価格が高騰していたため、譲渡益が出る
・新築の価格上昇は中古に比べて緩やかで、価格差がほぼなくなっていたため、所有物件の築年数を若くするために新築に置き換える
・事業承継する予定の法人は、長女・次女夫婦で運用しやすい新築案件にしたい

さらに新築を繰り返していると、オーダーしてから竣工するまでに、中古の物件が買いにくい状態にありました。新築の場合、1案件で融資が4分割されます。仮に土地1億円、建物1億円で総額2億円の場合、以下のようになります。

1．土地の決済　　　1億円　　　初月
2．手付　　　　　　3000万円　2カ月後
3．中間　　　　　　3000万円　半年後
4．完成・引き渡し　4000万円　1年後

まず土地の決済を先に完了します。このときは土地が1億円ですので、全て銀行からの融資を前提で考えたとすると、銀行から1億円の融資を受けたことになります。

その後、着工するにあたって手付金を3割程度、デベロッパーに支払います。これは土地の決済の2カ月後くらいに発生するのが一般的なケースです。

さらに中間金として、3000万円を半年後に支払います。そして、完成・引き渡しのときに残代金として、1年後に4000万円を支払います。

これで土地の決済をしてから完成するまでに1年なのですが、土地の決済をする以前に収益不動産を買うと決めてから、銀行と交渉をして契約するまでに数カ月かかるため、トータルで約1年半かかるといえます。

この1年半の間に、同一法人にて他行で借入をして中古物件を購入してしまうと、資金計画に変更が発生するため、建築中の融資が再稟議となる可能性が非常に高いです。したがって、融資担当者の余計な作業を増やさないためにも、新築をしている間に中古物件を購入するのは控えました。

2016年12月、金融庁のお尋ね問題が出る前に予定していた不動産（マンション1棟、アパート1棟、事務所2

部屋）の売却ができ、2017年完成の新築の発注と融資が確定できたのはタイミング的にとても幸せでした。

この譲渡で得たキャッシュで、2016年以降に私はマンション5棟、アパート5棟を新築でき規模の拡大を実現できました。

2016年の春以降、不動産投資の世界ではいろいろな動きがありました。スルガショック、レオパレスの違法建築などメディアを騒がしたような事件が重ねて起こり、2017年、2018年は融資基準が厳しくなっていき、銀行に物件を持ち込んで相談すると「自己資金を○割入れてください」という返答が多くなりました。

私としては、融資がこれだけ厳しくなることは、リーマンショック後の不動産価格の下落と似た状態が来る可能性が高いと期待して、7年間継続してきた新築の新規発注を一旦止めて、市場が落ち着くのを待とうと考えています。

融資が厳しくなると買える人が少なくなる一方で、売りたい人は必ずいるので、訳ありの安い物件が出てくるようになるからです。

第4章

サラリーマンから不動産事業主へ「白井式・不動産投資」で「人生二毛作」への道

「人生二毛作」とは、50歳で方向転換をして、20歳から50歳まではサラリーマン、50歳から80歳までは自分で事業を行うことです。具体的には、不動産投資で生計を立てる不動産事業主への転身です。

この人生二毛作を成功させる最大の要因は、転身するときにサラリーと同程度の収入源を持っておくことです。本章では、40歳から50歳の10年間で、今のサラリーと同額のキャッシュが不動産から得られるよう準備する方法を説明していきます。

1 あなたが不動産投資をはじめる「大義名分」

はじめにあなたの大義名分を考えてみましょう。

・なぜ自分が不動産を所有したいのか
・不動産を所有して、何をしたいのか

この2点を紙に書きましょう。それは自分のためでもあり、あなたの不動産投資に関わる人（不動産会社の営業担当さん、融資を受けるための銀行マンなど）に見せて説明するものです。

これは、個人属性にプラスアルファして、その人に融資するための大義名分となります。そのため個人の欲望は書いてはいけません。

「脱サラ」や「自由な時間が欲しい」ではなくて「家族への貢献」「地域貢献」「業界への貢献」といった人が応援したくなるような内容にします。実は、第2章の「人生設計」step2がここで生きてきます。

これがあるかないかで稟議の書きやすさも格段に違います。大義名分ですので、できるだけ大きく自分のやりたい目標を、過大評価をして書き出してみましょう。

大義名分と合わせて、「どれくらい物件を持ちたいか」「キャッシュフローはいくら欲しいのか」を1枚にまとめ、紙に書いてみて考えてみると、漠然とした目標が明確になります。

②ゴールと達成時期

次はゴールと達成時期です。今、私は3年計画を4期、合計12年の計画を作っています。そして12年後の自分の姿を思い描いて前進しています。

・ゴールは２０２８年。６つの事業エリアを含めて資産規模１００億円
・資産１００億円を達成できたら1億円を有効な方法で寄付
・ゴールは「キラキラで思い出に残る感動の連続」とする

このように具体的に数字を紙に書き出してプランニングするというのが大事です。そこに向かって、「この物件は買った方がいいのか」、「この物件は無理して買わなくていいかな」というのを日々、判断しながら進んでいます。

皆さんも自身のプランを紙に書き出してください。そして奥さん、恋人、親友・・・絶対に裏切れない人に話をしましょう。会社ではないところで不動産に関心のある人に聞いてもらうのがいいと思います。

ポイントは「自分で紙に書いて説明する」ということで、紙に書いて説明すれば自分の中で約束になり、そして「その約束を実現するためにどうしたらいいのか？」という思考回路が走り始めます。

そうすることで、いつのまにか目標が実現します。だから、今紙に書くことは、「本当に達成できるかな？　どうかな？」というような、できるだけ高い目標で書きましょう。

繰り返しになりますが、達成する時期も一緒に書いておくのが大事です。時間を刻むことで、そこに向かって「自分が今何をすべきか」が具体的に分かるようになってくると思います。

これは私の師匠の1人である空室コンサルタントの尾嶋健信さんから教えてもらったのですが、彼はそのことを、「成功回避不可能システム」と呼んでいます。

成功しないことをできなくする、つまり二重否定なのですが、「書いたことは絶対に実現する」と考えます。だからこそ、しっかり書いて人に説明をして、理解をしてもらって協力してもらえる体制づくりを行いましょう。

3 自分の「見せ方」を考える

不動産会社の営業さんから年収や自己資金・金融資産について聞かれたとき、どのように答えますか?

その際に「年収500万円で、自己資金300万円です」というのと、「年収は合算で1000万円、金融資産は5000万円あります」では相手からの見え方がまったく違います。

不動産営業マンから見て年収500万円と年収1000万円では、圧倒的に年収1000万円のほうが「良いお客さん」と思われるでしょう。これは銀行員も一緒です。

実は、この「年収500万円と、合算した年収が1000万円の人」は同じ人なのです。準備せずにそのままの数字をいうか、不動産会社の営業マンや銀行員が関心を持つように答えるかによって、それから先の進み方がまったく違います。

まず、年収と自己資金で大事なのは、銀行の人が融資をする上で稟議書を書きやすいかどうかで、「個人属性」という言葉で表現されます。

銀行員が「その人に貸してもいい」と思われるように書けるかどうかが肝心です。年収700万円は超えているように言える方がいいでしょう。

自己資金・金融資産についても、「最低5000万円あります」と言えるように準備します。このようにして融資稟議を書きやすい「個人属性」のエリアに入ることを目指しましょう。

とはいえ、年収はすぐに上がりませんし、自己資金といっても、貯金がそんなに増えるわけありません。そこには「見せ方」があります。

◎年収

現在は年収が1000万円なければ、ほとんどの銀行で稟議が承認されません。銀行員が稟議書を書かず、稟議を回さなかったとしても、こちらにはわかりません。2週間や3週間経ってから、「審査を行いましたが、うちでは通りませんでした。理由はお話しできません」と告げられて終了です。

このような扱いにならないためにも、年収1000万円は超えられるように準備をする必要があります。

まずは源泉徴収票、もしくは確定申告書をご確認ください。あなたの年収が500万円だったとして、1000万円になるまで一生懸命に働くことは現実的ではありません。

そこで自分の年収にご家族の年収を足してみましょう。仮に自分が500万円、お父さんが500万円であれば、足すと1000万円になります。

たとえば、お父さんに連帯保証に入ってもらうことで、検討いただける属性への仲間入りです。

◎自己資金・金融資産

日本では5000万円もの貯金を持っている40才代の方は少ないです。自己資金・金融資産も事前に準備することで、より多くの資産があるように表現できます。

アクションの1つめとして預金・信託・株などをエクセルに日付入りで、それぞれいくらあるのか書き出してみましょう。そして、合計が5000万円を超えるにはどうしたらいいのかを毎週更新しながら考えます。

私もかれこれ10年継続していますが、徐々に増えていくため嬉しい作業になります。

まずは、金融資産の行数を増やすことに注力しましょう。目を皿のようにして、「自分の金融資産はどこにあるのか」を探してください。見つけたら行数を増やして金額を入れます。

生命保険には解約返戻金があります。それがいくらあるのかを調べて、100万円あれば追加します。会社で401Kがありますし、お子さまの学資保険をかけている方もいるでしょう。

あとはゴルフの会員権をお持ちの方もいらっしゃると思います。銀行から見て金融資産といえるものであれば、行数を増やすことを意識しましょう。

ご自宅を所有しておりローン返済がある程度進んでいれば、そこに含み益が発生してきています。銀行が認めてくれるかどうかは別にして、周辺の売買実績や土地の販売価格などを調べて、含み益を概算で計算してみましょう。

私のケースですと実家は住宅ローンも何もなく、抵当権もまったく付いていなかったので資産価値も銀行に提示しました。この準備をしているか、していないかの差は大きいです。

「自己資金はいくらですか?」の問いに、「300万円」と答えて門前払いされるのと、準備をして「5000万円あります!」で融資の門戸が開くのは紙一重といえます。

4 重要なのは「パートナー選び」、そして物件にはこだわりすぎない

「物件選定のもっとも良い方法」を考えてみましょう。私がおすすめしたいのは、パートナーを活用した物件選定です。

個人属性の準備をして、自分が信頼できる不動産業者のパートナーを見つけることが次のステップです。その人に、「この条件に合った物件を探してほしい」と頼みます。

なぜ人に頼むのか？　それはサラリーマンをしながら、素人が自分で物件を探して買うのは時間もかかり難しいものです。そのため、専門でやっているプロで、自分と波長の合う人を見つけて、洗いざらい全ての情報を渡して物件を選んでもらうのです。

その人に銀行の選定まで含めてお願いをしておくと、その人のスクリーニングを通過した物件のみが紹介されます。つまり「自分が買える物件」を選んでもらえるのです。その中から選んでいけば、不動産投資に対して取り組みやすくなります。

私は不動産を買い始めた最初の3年間は1人でした。今は物件の数が増えたので、信頼できるパートナーは5人います。最初は1人で良いと思います。その人に「すべ

て委ねる」くらいの気持ちを持ちましょう。

また、自分が望むすべての条件を充たす物件はなかなかありません。あったとしても、その情報が得られるのは限られた人ですし、好条件の物件は多くの人が欲しがりますから簡単には買えません。

そこで物件購入に際して100点満点ではなくて、70点程度あれば検討するよう心掛けています。例えば「間口が狭い」「道路づけが良くない」といった、何かしらの欠点があるものです。

そのため、収益物件としては7割くらい気に入っていれば「買った方がいい」という判断をしています。完璧な物件を追い求めてなかなか買えないよりは、70点程度の物件を購入して収益を得た方が良いと考えます。

5 覚えておきたい銀行プレゼン術

続いては銀行へのプレゼン術です。

銀行の担当さんが優秀であるほど、融資が出る可能性が高くなります。そのためには銀行へしっかり資料を提出してプレゼンをしましょう。

前提として、不動産投資・・・「投資」という言葉は一切使っていません。「事業です！」と明言します。その事業も「自分の物件を買いたいです！」という言い方はしません。

ここからは、私が普段、銀行に行っているプレゼンを包み隠さずご紹介します。

■白井式・銀行融資術（「不動産賃貸事業へのご協力依頼」）

①理念、サラリーマン大家のご支援を継続してやっています。

これまで280名の友人を支援し、今後も毎年30人の友人を新規にご支援していきます。

そのような話を担当の営業さんにすると「白井さんに融資を出しておけば紹介がいっぱい来る！」と受け止めてくれます。

②ずっと買っていくリピーターになります。

毎年60~70室、金額にして6~7億円の事業拡大を予定しています。今回の融資のお願いは2億円ですが、来年以降も6億円ペースで規模拡大・成長していく予定です。

だから「リピーターになりますよ！」とアピールします。
しかし、買うばかりでは銀行からすると「果たして事業として上手くいくのか？」と疑問視されます。個人の資産が水膨れみたいになるのではと危惧されます。それで、次の項目を加えています。

③価値のある物件はご縁があれば譲っていきます。

所有している資産は、常に「市場価値」を把握しており、新規物件の半額は入れ替えで譲渡する予定です。

これをわかりやすく銀行さんに説明すると、6億円分を買って、もともと持っていた物件の3億円を売ります。すると3億円だけ借金が増えますが、買っていた3億円は今では4億円の価値があるため、売れたらキャッシュがまた増えます。

④不動産賃貸業のみをやりたいわけではなく、子育て・子育て支援を通じて地域への貢献やシルバーの皆様に生きがいを持って暮らしていける環境の提供をしたいです。

私のミッションである、「衣・食・住を通じて、あなたの幸せに貢献できるようになりたいです」を伝えます。特に子育て支援を通じて地域の活性化につながる支援を不動産賃貸業を基盤に計画していることを伝えます。

そして、私が持っている物件の全体で、購入金額・借入残高、家賃収入と、キャッシュフローの一覧を出します。さらに全物件に収益が出て健全に運営されている状況を説明します。その結果、「話半分に聞いても十分の利益が出そうですね！」となります。

次に、今回購入物件の資料と収支のシミュレーションを見せて「これだけ貸してください！」と訴えるのです。

私の用意する資料一式は、担当者の作文を書きやすくサポートするためのものです。数字をそのまま使っているとは思えませんが、銀行員として稟議を作成するのに必要な情報がそろっています。

6 融資審査に有利な時期はいつか？

さて、銀行には審査が通りやすい時期と、そうでない時期があります。通りやすいのは3月、6月、9月、12月の決算期です。私は決算期に融資実行の希望を伝え検討を依頼します。

銀行全体でいえば決算だから通りやすいのですが、それよりも担当者の目標数字に対し、どこまで達成していて、あとどのくらい、いつまでに話を決めなければならないのかによって変わります。

融資の成績を上げたいタイミングのとき、銀行の営業さんは不動産業者へ営業活動を行います。そのため、銀行は不動産業者から紹介してもらうと話が速く進みます。

銀行員も不動産業者も忙しいので一発で融資が決められるように、稟議が書きやすいように準備をして情報を渡してあげるのが大切です。

ここで前著でも紹介した白井式の買い進め方をおさらいします。

1棟目は個人で購入します。そのときに資産管理法人を作っておき、2棟目、3棟目は「みなし法人」でも個人でも、どちらでもいいので購入します。決算期に決算書を作り、法人で買える状態にしておくのです。

過去に「1物件1法人スキーム」なる債務隠しを行う手法が流行りましたが、今は一切できません。

その点でいえば私の手法はクリーンですが、行う人が少ないのは新築アパートでしっかり利回りがあり、キャッシュフローが出る物件が少ないためです。そのような土地や物件情報は、限定された人にしか届きません。

そのため前述した通り、しっかりと準備をして業者さんから選ばれる投資家にならなければいけないのです。なお、この手法は地方でも再現は可能です。地方にも金融機関と販売業者がいるので、条件さえ合致すれば行うことができます。

7 「法人・個人」どちらで購入すべきか?

物理的に「こうであれば個人がいい」「ああであれば法人の方がお得」というのはないのですが、それぞれに長所があるのでご説明します。

まず個人のメリットとして、融資が受けやすい点があげられます。

一方、法人のいいところは相続対策や税金対策がしやすいです。ただし、法人をつくる際には固定的な費用、一番大きいのは税理士報酬で税金(住民税・法人税)が発生し、最低でも年間50~60万円はかかります。銀行の融資という観点では、法人として最初のハードルを越えるのが難しいです。

法人で融資を受けるための方法は、次の2通りあります。

・「みなし法人」として融資を受ける
・プロパー（事業用）融資を受ける

「みなし法人」は法人の代表者の属性に対して融資を行います。つまり、個人と同様の審査をします。

一方、プロパー（事業用）融資は、会社の実績を見て融資を行います。そのため、最低でも3期黒字でなければなりません。どちらも社長が連帯保証人になります。

サラリーマンを辞めるケースでは個人の属性が低くなってしまうので、在職中に法人としての信用力を上げていく必要があります。それが3期黒字ということです。

準備をせずにサラリーマンを辞めてしまうと、融資が非常に厳しくなります。

一概にいえませんがサラリーマン所得と、不動産のキャッシュフローを足したものに対して所得税率がかかるため、場合によっては個人所得が最高税率になる可能性もあります。

税率が高くなれば、個人に比べて税率の低い法人の方が、圧倒的に有利となります。

8 決算をマイナスにするのはNG！

買い進めていく時期には、資産規模もキャッシュフローも増えていきますが、利益が出るということは税金も高くなります。この税金に対して節税することを重視する投資家さんがいらっしゃいますが、大切なのは「法人の決算を絶対にマイナスにしないこと」です。

黒字のケースは、2つのパターンを考えておかなければいけません。売却益が出るケースと、通常のキャッシュフローで黒字になるケースです。

売却益については、単年度の経費で調整します。前著でも解説しましたが、私は太陽光発電の一括償却や両親の退職金の支払いを行いました。

退職金はもらう人は税率が低く、払う会社側も永年勤続してくれた人に対し、退職金積み立てのお金を払うだけなので大きな節税になります。

この2つ以外に「倒産防止共済」も活用しています。これは1年分の前払いもできます。月額20万円まで積み立てができて1年分の前払いが可能です。

例えば「この期に売却益が出るな」とわかれば、その共済を期首（1月）から期末（12月）まで毎月20万円を払い、期末には翌1年分の前払いが可能になるため、合わせて480万円を支払えます。これは100％経費として認められます。

なお、給与については社員か役員によって変わります。役員報酬は決算した後の株主総会で決まり、1年間固定給となります。法人の税率と個人の税率を比べますと、今は法人の税率が低くて有利です。給与として個人に移しても、サラリーがある状態では所得税率が高くなってしまいます。

キャッシュフローで黒字になる場合は、前出の「倒産防止共済」で将来の赤字にそなえて積立をしつつ、適正にコスト計上を実施して、しっかり税金の支払いをして法人にキャッシュを残すべきです。この決算は金融機関から高い評価が得られ、有利な資金調達につながります。

そのほかの注意点をいえば、デッドクロスへの対策です。デッドクロスとは、経費になる「減価償却費」よりも、経費にならない「返済元本」が大きくなり、決算上は黒字であるにもかかわらず、キャッシュが無くなる状態をいいます。このため、黒字倒産の可能性が大きくなります。

これは私も物件によっては発生していますが、単体の物件では調整方法がないので、その他の物件を含めて全体でバランスできるようシミュレーションして、物件購入・売却の判断をします。

9 想定されるリスクに対しての備え

不動産投資をおこなっていけば、予想外のトラブルが起きて思わぬ事態になることも多々あります。そこで、事前に想定されるリスクを洗い出し、「このリスクが起きたときにはこうする！」と決めておきましょう。ここからは私のリスク対応方法です。参考にしてください。

◎**地震**・・・私には阪神大震災と東日本大震災の経験があります。その経験から旧耐震の物件は買わないようにしています。新耐震の物件であれば2回の地震とも大丈夫でした。

さらに1つの地域に密集して物件を買ってしまうと、全て壊滅してしまう恐れがあります。そのため、ある程度分散して買ってリスクを回避しています。

◎**火災**・・・火災保険に加入しておけば安心です。特に中古物件で火災保険を有意義に活用するために「破損等」の保証を加えておくことをお勧めします。このオプションで発生する多くのトラブルに対応できるようになります。

◎**空室**・・・ある程度の空室が発生するのもやむを得ません。しかし「初期費用をオーナー負担とする」「入居条件を緩和する」といった回避策があります。レジデンスの場合は、家賃を下げれば必ず空室は埋まると定義して、将来発生する可能性のある空室で、不要な心配をしないようにしています。

◎**健康（相続）**・・・必要最低限の医療保険・生命保険に入っています。物件からのキャッシュフローが毎月あるので、死亡時の保険は重要視していません。保険よりは相続を重要視してなるべく法人で買い、株は会社の価値が出る前に私の娘たちに譲渡しておき、相続税が発生しにくい対応をしています。

◎**物件・土地価格の低下・崩壊**・・・物件の価格が下がったら買い増しができるようにキャッシュをできるだけ持っておき、下がった時点で買いましする計画です。

現在は最低金利ですので、これから金利が上がる可能性は十分に考えられます。金利が上がっていけば不動産の価格も上昇するので、ローン返済が苦しくなったときには、一部の物件を売って繰上返済する予定です。

さらに、物件毎に「この価格・タイミングで売ればいい」という基準を考えておき、譲渡のチャンスを逃さないよう心掛けています。

家族や両親に「リスクはあるけれど、このように対処します。この範囲を守ってやっていくので大丈夫だよ」と説明をしています。

これも紙に書いて、自分で決めておくのが大事だと思います。そうすると「この物件を買っても大丈夫かな?」といった、漠然とした懸念事項がなくなります。紙に考えられるリスクの詳細から解決策まで書いてあれば、安心して眠れるようになります。

⑩ スケールこそ、最大のリスク回避策になる

前述したような対策をおこないますが、最大のリスクヘッジは物件のスケール(規模)で対応して乗り越えることだと考えます。ここでケースを3つご紹介して、どうしてスケールが大事なのかをお話しします。

1億円のアパート1棟を買って、年間の家賃収入が1000万円だとします。管理費や維持費に年間100万円の出費がかかるとします。ローンの返済等で年間500万円を払います。すると1億円の物件を買えば、

1000万円－（100万円＋500万円）＝400万円

このように、年間で400万円が手元に残る計算になります。

このケースでアパートが火事になるとします。先ほどの想定するリスクの回避で、火事については「火災保険に入っているから大丈夫！」という整理をしました。

しかし、火災保険で保障されるのは次に同じようなアパートを建てる費用のみです。ですから燃えた物件を更地にして、もう一度そこに新しく建て直さなければいけません。完成するまでに2年かかったとすれば、管理費こそ払わなくてもいいですが、2年間は収入が0になります。

建てるお金は保険から出ますが、もともと借り入れているお金の返済はしないといけません。そのため、正常に稼働しているとキャッシュフローとして年間400万円を稼ぐ物件だったのに、返済の500万円は自分で払わなければならないのです。

もし火事になってしまったら2年間は毎年500万円、計1000万円を自分の収入から払っていかなければいけない事態が発生します。

そこで、どうしてスケールが大事なのかをご説明します。

次は同じ1億円のアパートを2棟所有していたと仮定します。2棟持っていると年間の家賃収入は2000万円になります。管理費・維持費で200万円、ローンの返済が1000万円です。

2000万円－（200万円＋1000万円）＝800万円

キャッシュフローは毎年800万円が残る計算になります。800万円という収入は、サラリーマンとして働いて受け取る給料と同額か、それ以上の価値です。しかし、先ほどと同じように、このアパートも火事が発生したとなれば、1棟分の収入は減ってしまいます。ですから、2000万円あった収入は1000万円になり、管理費・維持費は1棟分だけで100万円です。

ただし、銀行への返済は同じ金額なので、1000万円です。先ほどは自分のお金で毎年500万円を返済しなければいけなかったのが、アパート2棟を持っていることにより、2年間は毎年100万円だけ返済すればいいのです。

1000万円－（100万円＋1000万円）＝－100万円

そして2年後に次のアパートが完成すれば、また元の状態に戻ります。それでもローンの返済は自分のお金で払う状況には変わりありません。

これがアパートを3棟持っていたとしましょう。家賃収入は3000万円。管理、維持費も3倍に増えて300万円です。ローンの返済は1500万円にもなります。

これを年間家賃収入3000万円から差し引くと、

3000万円－（300万円＋1500万円）＝1200万円

となります。1億円のアパートを3棟買うことにより、手元に毎年1200万円のお金が残ります。この3棟のうち1棟が火事になり、建て替えが終わるまで2年かかったとします。

年間の収支は、1棟分の家賃がなくなるので3000万円だったのが2000万円になります。管理費は2棟分なので200万円です。銀行には1500万円のローン返済をしなければいけません。

2000万円−(200万円+1500万円)=300万円

結果としては手元に300万円が残ります。年間の収入が1200万円だったものが300万円に減ってしまいますが、これを2年間堪え抜けば、また元の1200万円に戻るのです。

⑪ 法人化して行う事業承継の実例

現在、私の運営する会社は4社あります。物件管理を行う管理法人が1社、資産を所有している資産保有法人が3社です。なぜ資産保有会社が3社もあるのか説明したいと思います。

前述しましたが、まずIBMに勤めていた際、白井コーポレーションという会社をつくりました。この会社は母を社長にしていました。もう1社は父の会社で、先述した和菓子屋の法人です。そして専業になったタイミングで1社（以降A社）設立しています。

現状では、次のように資産を所有して運営しています。

・元和菓子屋　8・0億円
・白井コーポレーション　7・1億円
・A社　7・0億円
・個人+管理法人　5・5億円

元和菓子屋と白井コーポレーションは近い将来、長女夫婦・次女夫婦に継いでもらう予定で、1社ずつ会社をあげる約束をしています。2020年には取締役として経営参加してもらう予定です。

すでに株は半分ずつ彼女たちに譲渡しています。私が52%で娘たちが48%ずつ、それぞれの会社の株を保有している形になっています。将来的には、私が持っている株を売却するか、何らかの形で娘たちに渡し、長女が1社の過半数を持つ、次女が1社の株の過半数を持つようにして、譲渡していこうと思っています。

その時点でその会社がどれだけの不動産を持っているかは、今はまだわからないのですが、長女が保有している48％の株に、私の3％を譲れば、娘は筆頭株主となりオーナーになれます。

仮に10億円の不動産を持っているとして、その10億円の不動産をそのまま私から娘に譲れば、莫大な譲与税がかかります。

どれくらいの節税になるのか現状では不確かですが、たとえば白井コーポレーションなら、今は資本金100万円です。つまり「100万円の52万円を私が払っています。48万円を子どもが払っています」となり、48万円を51万円まで、あと3万円分の株券を売買すれば筆頭株主になれます。そして、社長になるには登記を社長に変えればよいのです。

実質の筆頭株主で過半数以上を持っていて、決議権を持っていて、代表取締役社長といえば、その会社のオーナーです。

会社の株価は決算上いくら儲かっているかで決まります。たとえ決算上で大きく利益をあげていたとしても、株価はそれほど高くならないものです。現状3万円の株券が30万円になる可能性はありますが、30万円を娘に売るだけで資産10億円の会社が自分のものになるのなら安心です。

私は、自分で購入して運用している不動産を、このように次世代に継承していこうと考えています。ただし、私は代表取締役を辞任しても取締役会長などの役職で会社が上手くいくよう、一緒にサポートをしながら前に進めていくつもりです。

この事業承継を考えたのは、２０１５年の春、長女が結婚したのが大きなきっかけです。

その理由はとてもシンプルです。譲渡する会社からの収益を加味して将来設計を考えて欲しかったのです。サラリーマン同士・共働きで結婚をしても、今の収入だけでは子どもを産み育てるのも難しいのが現実です。

住む家にしても、20代の若夫婦に払える家賃は上限があります。広さと環境を求めれば、かなり遠くから通勤をしなければいけません。

このようにサラリーマン同士で結婚して、サラリーだけで生活をしていくには様々な制約が出てきます。それは私がサラリーマン時代にとても窮屈な思いをしながら生活してきた体験が発想の原点です。

そんな中、親として「幸せに生活してほしい！」と育ててきた娘たちです。彼女たちが新しい船出をするときは、夢のある人生プランを考えてもらいたいのです。そう願って会社の譲渡を考えました。


ある一定の期間を設けて承継するのは、譲り受ける立場にとっても良いことだと感じています。

2015年から今までの間に、マンション5棟・アパート5棟新築しています。その仕様は自分たちで決めてもらっています。夫婦で相談をしながらマンションの名前を決めたり、ドアの色で悩んだり「内装はこれがいい！」など、かなり興味を持ってくれています。

こうして新婚当初から夫婦のプロジェクトとして新しいマンションが立ち上っていく。その様子を実際に見ながら、それを運用してキャッシュが回って生活が豊かになっていけば、親として嬉しい限りです。

第5章

「白井式・不動産投資術」でHappyに生きる成功者たち！

第5章では、本書のテーマ通り40代で人生の目標設定を行い、人生の後半をビジネスオーナーとして歩む準備を進めている仲間と、すでにビジネスオーナーとして先に進んでいる仲間をご紹介します。40代、50代の現役サラリーマン、元サラリーマンです。彼らのモチベーションやその実体験から成功のヒントを掴んでいただけたらと思います。

サラリーマン投資家　リアル成功例❶

不動産投資・キャリア・子育てに邁進するワーキングマザー

K子 氏

--- プロフィール ---

◇45歳
◇現職：外資系IT企業　・入社年：2000年

2児の母。サラリーマン（営業）として勤務。子育てをしながらの営業職は厳しいが、子どもたちの笑顔と夫の優しさ、両親の支援のおかげで生きている。日常の中の幸せの粒を楽しむことが好き。

●資産規模	●年間家賃収入	●所有物件
約3.2億円	約2800万円	4棟42戸

取得物件一覧

2017年、初めて購入したアパート

2017年　神奈川県横浜市 木造(新築)ワンルーム16戸
2018年　神奈川県横浜市 木造(新築)ワンルーム12戸
2018年　神奈川県横浜市 木造(新築)ワンルーム8戸
2018年　神奈川県横浜市 木造(新築)ワンルーム6戸

3棟までは突き進む覚悟で

――K子さんは私のIBM時代の後輩で、お子さん2人を育てるワーキングマザーでもあります。もともと将来設計に不安はあったのでしょうか。

「何年か前のことです。ある日突然、あなたの年代は生涯年金が無くなります。会社からそんな風に言われました。それまで会社は安泰だと信じていたので、とても驚きましたね。

とくに私は親戚もIBMに勤めていたので、老後に自分の好きなことをする余裕を持って過ごしているのを見てきました。ですから会社の発表を聞いて、あれ？　このままではマズイのかな？　と焦りました」

――私が会社に入った時も上司から「お前たちは60歳までちゃんと働いたら、年金を含めて80歳までの生活は大丈夫！」と言われていました。

先輩たちはみんなそう信じて働いて、私達の世代も同じことを後輩達に言っているはずです。昔は60歳を過ぎたら安泰だと疑わなかったから、心配せずにやりたいことができると思っていましたからね。

そんなK子さんが不動産投資をはじめるきっかけは何だったのでしょうか。

「ＦＰの勉強をしてＡＦＰの資格を取ったのがきっかけです。ライフプランニング・リタイアメントプランニングというテキストに、ライフプラン作成の意義として、『終身雇用制度や年功序列賃金制、公的年金制度など、国や社会が個人を守ってくれる時代は終わろうとしている。これからは自己責任の時代だ』と書いてあったんです」

――これは私も理解していて、どう考えても年金は破綻するし、今までのルールを信じて進んでいったら自分が困るだけと思っているのですが、ＦＰ協会はそのように明言しているのですね。

日本国としては、先の「２０００万円問題」みたいにハレーションは起こるけれど何も打つ手がない、そんな状況という認識があります。

「自己責任であると明言していますね。私は育休の時に唖然としました。それもあって、自分で動かなくてはいけないと、不動産投資に目を向けた経緯があります」

――年金問題で騒がれた時に、日本や年金が何かできるかといえば、既にどうにもできない状況に陥っています。

本当は日本に住んでいる人全員が、自己防衛のために、何かしら打つ手を考えて実際に行動しなければいけない。そうしないと将来が困るのに、多くの人たちは動けない現実があります。

「でも巷に目を移してみると、それに気づいた人達は精力的に活動をしています。例えば書籍の種類を見ても、ずいぶん変わってきていると思います。女性向けのライフプランセミナーや副業セミナーも盛況です。

ただし自分にバイアスかけている人は現実を見ようともしないので、気づいている人とそうでない人のギャップは大きく感じますね。おそらくバイアスをかけて生きている人達は、60歳になってから始めようとして一から考え出し、そこで初めて現実に気づくのではないでしょうか」

——K子さんに60歳から80歳までのライフプランを聞いてみました。

「私は30年間は大家さんをやろうと決めているので、それをやりながら農業をやったり音楽をやったり、社会や地域に貢献をして公私ともに充実した暮らしを送りたいと考えています。また、FPとしての活動もしたいです」

――すごくいいと思います。K子さんの夢は、お金と人脈と気持ちの余裕がなくてはできません。早い段階で気づいたら手が打てます。将来の夢は叶いそうでしょうか？

「叶えたいです。そのために行動へ移していこうと思います。夢の実現について、より現実的に考えるようになったのは、白井さんとお話したことに大きく影響を受けています。

自分がIBMに3年いるのか、それとも5年いるのか、7年いるのかよく考えなさいと言っていただいたとき、どう考えても今のハードな仕事を続けていくのは現実的でないと考えたのです。

常に頭脳もフル回転していなくてはならない。そうなると、子どもや主人のことを思いやる余力がありません。時間もなければ気持ちの余裕もない。それがあと5年、50歳まで続いたらパンクしてしまう。そういうところから変えていきたいと決意しました」

――サラリーマンをしながら副収入がある精神的な余裕はいかがでしょうか？　私は会社を辞める前の3年間は家賃収入があったので、副事業部長に降格しても、すごくいい会社だと思いながら勤めていました。

「日々の仕事の忙しさの中で、あまり考える余裕がないのですが、でも間違いなく上から落ちてくることを、そのまま飲み込んで対応するスタンスではなくなったのがすごく大きいです」

――物件を買い進めるときにハードルはあったのでしょうか？

「やはり一番は借金を抱えることですね。大きな借金をして大丈夫なのかなと。『金持ち父さん貧乏父さん』でいうクワドランドの左から右へ、自分自身をマインドチェンジさせるのは大きなハードルでした。

雇われのマインドのときは博打にしか思えなかったのですが、自分がそのマインドに囚われていることに気づくことができて、初めて収益物件を買うというアクションに進むことができたのだと思います。理解してしまえばいいのです。マインドチェンジができてしまうと、今度は自分を向上させるのが大変ですが・・・」

——こうして、新しい人生プランは50歳で起業しようと考えているK子さんですが、私にはK子さんが恵まれた環境で生活しているように思えます。お子さんもいるしご両親もいる。ご夫婦でダブルインカムで働いている。不動産も揃ってきている。うまく回っていきそうな雰囲気があります。

「あとは仕事の重たさだけ（笑）。もしも近くに実家がなければこんな働き方はできませんでした。だから両親には常に感謝しています。人生について考えて再設計するのは遅かったけれど、本当にありがたいなと思っています。

唯一残念なのは、東京に住んでいませんから、白井さん達に会いに行くのがなかなか大変なことです（笑）」

——K子さんの人生設計がきちんとしていたから今の形になっているのだと思います。いつでも電話で話せるけれど、たまにはみんなで会って不動産の話をしましょう！

サラリーマン投資家　リアル成功例❷

夢は夫婦で飲食業、3年前に転機を迎えた現役サラリーマン大家さん

KOBUHEI 氏

--- プロフィール ---

◇47歳
◇現職（現勤務先）：情報通信企業　・入社年：2010年
（前職（旧勤務先）：外資系情報通信企業　・入社年：2000年）

白井さんと出会って20年。白井さんには2回人生を変えてもらいました。1度目は20代後半での転職。2度目は40代に入って今後サラリーマンであることに不安を抱き、不動産の世界に導いて頂いた。白井さんとの出会いが私の人生の宝です。

●資産規模
約2.3億円

●年間家賃収入
約1900万円

●所有物件
2棟28戸

取得物件一覧

2017年奥さん名義の法人を設立し購入したアパート

2017年　神奈川県川崎市	木造(新築)ワンルーム16戸
2019年　神奈川県横浜市	木造(新築)ワンルーム12戸

2棟目も法人で購入できた新築アパート

――漠然とサラリーマンで人生を終えるのだと考え、でも、このままの生活水準はずっと続くだろうと思い込んでいたというKOBUHEIさん。奥さんも同様の感覚しか持っていなかったそうです。

「妻は過去に仕事をしていましたが、出産と同時に専業主婦になりました。いつかは社会復帰をしたいと希望しており、パート勤めに出ると言い出したのが2016年、3年前です。その頃の私はサラリーマンだけでやっていく。他の選択肢なんて一切考えられない・・・そんな心境でした」

――その当時、将来の夢はあったのでしょうか。

「はい。サラリーマンを定年退職した後は、本当にやりたかったことをやろうと思っていました。私はもともと教師になりたかったのですが、大学卒業後、いきなり先生と呼ばれることに違和感を覚えました。

社会経験がまったく足りていない私が子供たちにものを教えられるわけがない。まずはサラリーマンという、子どもたちの親と同じ仕事に就いて社会経験をしたいと思いました。そして定年退職後はこれまでの経験をもとに、若い世代へ何かを教えるような存在になれたらいいなぁと漠然と夢を見ていました」

――47歳になったばかりというKOBUHEIさん。44歳の時はこのままサラリーマンを続けていくと考えていたのに、どうして不動産投資をはじめることになったのでしょうか。

「私が44歳の時に父が倒れてしまいました。今は元気ですがすでに74歳です。頭を強く打って一時的に記憶がなくなって、数日ですが介護状態になったのです。その時に親の介護が頭によぎりました。

そうなったとき、今のサラリーマンの収入だけでは親の面倒を見切れない。かつ、自分の生活レベル、奥さんや子どもに対することもそうですが、その質を下げることなく親の面倒が果たして見られるのか？　それを考えたとき、絶対に無理だなと感じたのです。それが一番のきっかけです。

それと自分がサラリーマン時代に慕っていた先輩、お世話になった人たちが50歳を迎えるあたりから、軒並み会社の隅に追いやられました。能力があっても会社から肩を叩かれる現実。自分にそこまでの能力はありません。この先の人生どうやって乗り切れるのだろう。それも同時に考えました。

親が介護状態になっても家族には負担を一切かけず、給与も上がり続け毎日ハッピーな生活を続けられる・・・そんなラッキーなことは絶対にあり得ないから、ちょっと人生のイメージを変えようと決意して、以前から白井さんに薦められていたロバート・キヨサキさんの本を読んだのです。そのようにして少しずつマインドを変えていったのが２０１６年、ここがターニングポイントでした」

――ＫＯＢＵＨＥＩさんと私は20年来のお付き合いで、とても可愛い後輩です。

私が会社を辞めたのは２０１２年なので、辞める前から彼には不動産の情報を入れていたのですが、「このままサラリーマンでいきます！　だから全ての不動産情報は私には要りません。その話をするのならもう一緒に飲みませんよ。もう不動産の話はいいですよ！」と（笑）。それが２０１２年くらいです。

「私は最初に白井さんの人生プランを見た数少ない人間の一人です。私は一回、白井さんに人生を変えてもらっています。それは２０００年、新卒で入った前の会社を辞めたくて、白井さんにご相談したのです。それがきっかけで今の会社へ転職し収入も増え、結婚をすることができました。住まいも大阪から東京に変えて・・・」

――可愛いお子さんもできて本当に良かったですね！

KOBUHEIさんの将来に対する夢は、不動産を所有したことで変化がありましたか？

「より具体的に自分の人生と向かい合うことができました。漠然と定年してから考えるのではなく、来年をどうするか？　再来年はどうするのか？　とりあえず今は50歳過ぎたところでサラリーマンを卒業したい思いがあります。

その卒業までのプランをどう過ごすのか、その間に不動産の事業をどうしていくのか。それを真面目に考えるようになって、サラリーマンを辞めた後は何をしたいのか？　そこまでイメージすることができる状態になりました」

――とても考え方が前向きで良いと思います。サラリーマンとして働きながら、副収入があって自分で動かせるお金が増えてきている状態は、精神的にどんな変化がありましたか？

「サラリーマンだけしかない！　となってしまうと、今の仕事や収入に依存してしまい、それでは余裕が無くなってしまいます。それが副収入があることによって、精神的にかなり余裕を持っていろんな物事に対処できるようになりました。それはサラリーマンの仕事だけではなく、今後の人生を考える上でも同じです。

おかげ様で今はとても精神的に安定しています。これがもし副収入が無かったら、将来の親の介護のことも心配しながらですので、きっと気が滅入っていたことでしょう。そういった意味でも、この副収入があるのは大きな支えになっていますね」

――収益不動産を買うにあたってハードルはありましたか？

「独り身であれば私だけで判断して、そういう世界に入っていけばいいのですが、妻も子もいます。自分の家もあります。いろんなものを背負ってる状態で、やはり家族の理解がなければ進められないと思いました。一番は奥さんの理解です。これをクリアしないと絶対に始めることはできませんでした」

――理解してもらうためにどんな話し合いをしたのですか？

「奥さんも漠然としたことしか考えていなかったのです。自分は奥さんより一歩二歩進んで将来をイメージできていたので、このままではマズイと心底思っていました。もうマインドチェンジはできていた状態なので、次に奥さんへ『この生活レベルはずっと続くと思う？』と聞いてみました。やはり深く考えていなかったので、『そのイメージはすぐに捨てて！』と訴えました。親の介護の話もしましたし、自分の慕っていた先輩たちが会社の隅に追いやられていることも・・・。

さらに年収がここから先は少しずつ下がっていく現実も説明しました。このまま上がり続ける、維持できるのは絶対にありえない。場合によっては肩をたたかれる可能性だってある。そういうイメージをきちんと正しく、奥さんにも持って欲しかったのです」

――KOBUHEIさんがおっしゃられた話は、サラリーマンとして企業に勤めている人たち万人に当てはまることです。

今はサラリーマンをしながら不動産賃貸業を始められ、ある一定の時間軸で不動産を増やされていると思うのですが、これから先の人生プランはどう考えていますか？

「私も47歳になります。サラリーマン人生を50歳過ぎまでと考えると、本当に終盤だと自覚しています。終盤を迎えるとともに、新しいことをやっていきたいと思っています。それが本当に自分のやりたいことと繋がっていくのだろうと信じています。

もちろん不動産事業をもう少し伸ばしていかないと踏み込めないので、まずやるべきことは不動産の柱をもうちょっと積み増していく。今は市況が厳しい状況ですが、また良い時がやってくると信じて、引き続き不動産を買えるようチャレンジしていきたいです。それから次のセカンドライフのための、事業の柱を立てたいです」

——セカンドライフはどんな生活ができたら幸せだと思いますか？

「楽しくストレスがなく、自分のやりたいことで収入を得る。でも、今はセカンドライフでバカ稼ぎしたいイメージはありません。日々の生活については不動産からの収入があるからこそ、セカンドライフの事業にチャレンジできるのだと思います。

私は趣味で自転車（ロードバイク）やマラソンをやっているのですが、その仲間たちと飲食を通じて楽しく過ごせる場を提供できればと考えています。次の事業の柱としては、妻とともに飲食関係を立ち上げたいです」

――セカンドライフに向けて必要なお金を不動産で確保しておき、奥様と共にやりたいことを事業として、社会貢献に取り組んでいく夢を語ってくれました。

かつて優秀なブライダルプランナーだった奥さんと、いつかは一緒に働きたいと願っています。実現できたら素敵ですね！　きっと良い仲間が集まってくることでしょう。

サラリーマン投資家　リアル成功例❸

自宅の売却で規模拡大を実現した現役サラリーマン

ピュアタウン 氏

--- プロフィール ---

◇55歳
◇現職 外資系IT企業　・入社年：1986年

新卒で入社以来、同じ会社に勤務して33年目。副業として家賃収入のある余裕から、本業のサラリーマンとしても高い評価を受けている。奥様との将来を見据えて、新規事業のための資格取得中。 妻と娘2人の4人家族。

●資産規模
約7億円

●年間家賃収入
約5500万円

●所有物件
7棟76戸

取得物件一覧

2016年、はじめて購入した新築アパート

4棟目（右）と7棟目（左）に購入した新築アパート

2016年
神奈川県相模原市　木造新築ワンルーム4戸×2棟
東京都八王子市　木造（築26年）ワンルーム3戸／2DK 2戸（2018年　売却済）

2017年
神奈川県大和市　木造新築ワンルーム14戸
神奈川県川崎市　木造新築ワンルーム14戸
神奈川県横浜市　木造新築ワンルーム16戸

2018年
神奈川県大和市　木造新築ワンルーム14戸
神奈川県川崎市　木造新築ワンルーム10戸

──現在、ピュアタウンさんは55歳。サラリーマンをずっと継続されていらっしゃいますが、不動産がなくてサラリーだけのころの将来設計はどうでしたか？　不安はありましたか？

「39歳でマイホームを購入して娘が2人いるのですが、2人とも私立の学校に通わせていましたから費用がかかりました。妻も仕事をしばらく辞めて、子どもたちのお受験対策をやっていましたので非常に厳しい状況でした。生命保険を解約したり、切り詰めて生活をしていたのが私の40代でした」

──私の娘も2人とも私立の学校でしたからお金がかかりました。

「もう一家の主としては稼ぐしかない。妻は出産までバリバリ働いていたので、いつ共稼ぎに戻れるのか。共稼ぎになれば一気に改善する期待を持っていました。妻が復職するまで頑張ろうと、その時点では私なりに将来設計を描いていました」

──サラリーマン現役の時に、60歳以降の夢はお持ちでしたか？

「私はゴルフが好きなので、漠然とですが将来はゴルフ練習場の経営をやりながら、第二の人生を歩めたらいいなという夢を持っていました」

――サラリーだけだった時の実現度はいかがでしたか？

「その時点ではなかったです。特に都内でやるとなれば、それだけ元手が必要になります。やるとしても田舎の方で余生を過ごしたい・・・みたいな。それも絵に描いた餅でしかありませんでした。日々の仕事も忙しいし、お金もそれほど潤沢にあるわけではない。40歳の時に、60歳以降の生活などイメージできませんでした」

――収益不動産を所有するきっかけは？

「妻の復職のタイミングをどうするか？　子どももまだ大学受験など手がかかりますし、独身時代と同じようなバリバリ仕事をする復職はできなかったです。その辺をモヤモヤしながら、どのタイミングで復職するかを考えたのですが、そのときに坂下仁さんの『今すぐ妻を社長にしなさい』という本に出会いました。

正に目から鱗。私たち夫婦の方向性はこれだ！ 妻を説得するのが一番の難所と書かれてありましたが、我家の場合はまったく心配ありませんでした。あとは踏み出せるかどうか、決断することだけに注力しました」

――私も坂下さんの本は読んでいますし友人でもあるのですが、すばらしい活動をされていると思います。ところでピュアタウンさんは60歳から80歳までの生き方は決められていますか？

「不動産投資をはじめてそれなりに回りだした当初は、サラリーマンをリタイアして、さらに不動産投資に専念していけるかなと思っていました。しかし、今の不動産業界は冬の時代です。幸いうまく副業として回っているので、できれば65歳や、可能であれば70歳まで、できる限りサラリーマンとのダブルインカムを続けていければと思っています。

その理由は2つあって、1つは妻を主体とした事業の立ち上げの準備が着々と進んでいること。もう1つは、下の子ども（中3）が獣医になりたいと言っていて、高額な授業料をあと10年は払い続けることになりそうなためです」

――逆に考えると、不動産からの収入がある程度確定しているから、親として子どもの夢もサポートができます。選択肢が取れるということですね！

「これがもし不動産からの収入がなければ、パパは65歳まで働くけれど、いつ給料が1／3になるかもしれない。お前はそんなことを言わずに公立の大学に行きなさい、みたいな話になってしまいます。もしくは奨学金で賄えと言わざるを得ません。そういう話も含めて考えておかなければいけない。少なくとも今はその心配はありませんが」

――自分の夢だけでなく、家族の夢もプラスに判断していけるのが素敵ですね。将来の夢は叶いそうですか？

「今は妻と一緒に事業を立ち上げようとしているところです。本当に投資家としてやっていくのか、不動産関係のビジネスを立ち上げるのか？　理想とするビジネスモデルを模索しながら、必要になりそうな資格を可能な限り揃えておこうと勉強中です。その上でやりたいビジネスで突き進められたらと思っています」

――サラリーマン（現役）をしながら副収入のある精神状態はいかがですか？

「格段に安定しています。一方で、勤めている会社はリストラを進めています。10年前はおそらく2万人いました。周りがどんどん辞めさせられていく状況の中で、なんとか生き残っていますけれど。逆に言えば、ビクビクしないで本業に打ち込めています。

かつては上司に対して言い辛かったことも、ちゃんとあるべきことをしっかりと言えるようになりました。それにより、私の評価も上がって来ている気がします」

――大変な中でも不動産投資での成功が良い評価につながっているのですね。そこにたどり着くまでに困難はありましたか？

「そうですね。3棟目まではサラリーマンの属性で買えたのですが、それ以降が厳しくなりました。住宅ローンが残っているのも評価を下げている要因です。それと自己資金もありませんでした。それなら自宅を売ってしまおうと考えました。

やはりロバート・キヨサキさんの本に、お金を稼がない自宅は負債であると書いてあり、これを読んだときは愕然としました。自分は住宅ローンのために働いていると。

それで自宅を査定に出してみたら幸いにも良い評価がつきました。住宅ローンを全て返済しても手元に3000万円以上のお金が残りそうでしたので、それならと売ることに決めたのです。

するとすぐに買い手もついてキャッシュが手に入りました。銀行は手の平を返したように、お金を貸してくれることになり、8棟まで買い進めることができました。やはり自己資金と属性を、いかに上げるかにハードルがありましたけれど・・・」

――銀行から見ての自宅の評価は低い時があって、評価の低い物件に対して高額の住宅ローンを抱えていることは、個人の与信で見るとマイナスです。

自宅売却によって負債が無くなり自己資金が3000万円プラスになりました。給与収入はこれだけあります。さらに収益物件はすべて黒字です。こうなるとだいぶ印象が違いますね。

サラリーマンとして、また兼業大家さんとしても、ご家族を含めてうまく回られていると思うのですが、人生プランをこれから先どうするのか？　夢を聞かせてください。

「私の場合は妻と一緒に何か事業を立ち上げるのが今後の人生プランの軸になります。

不動産投資や会社経営に前向きな、勤勉なパートナーが側にいるのは私の強みだと思っております。そこの軸は出来ています。

先ほどの自宅売却のように、こうと決めたら実行に移せる行動力や、銀行の方とも良い関係ができていますので、その辺を軸にこれからビジネスを3年後には立ち上げたいです。とにかく今はその時に必要と思われる資格や経験、ネットワークを構築できればと考えています」

――同じ会社で働いていたこともあり、とても誇らしい友人です。良い影響を周囲に与えて夢に向かって進んでほしいです！

サラリーマン投資家　リアル成功例❹

日本酒の魅力を世界に伝えたい！
人生の次ステージを歩み始めた
元サラリーマン

小田切 崇 氏

プロフィール

◇55歳
◇現職：小田切商事株式会社
（前職　日本IBM株式会社　営業部部長　54歳退職）

1988年IBMカストマエンジニアとして入社。エンジニアとして10年、技術サービスの営業として20年、計30年を大型プロジェクト担当として活躍。お客様からの個人への感謝状を16社から拝受し、この数は日本IBMで一番である。現在、安定した不動産収入を基に、20才の頃から好んでいる日本酒の魅力を伝え、海外や若者の日本酒ファンを増加目的とした日本酒事業に邁進している。自社ブランド酒「吟天」も好評。
「吟天」URL：https://ginten.tokyo/brand/
FB　URL：https://www.facebook.com/GINTEN88

●資産規模
約2.3億円
（所有不動産の調達金額）

●年間家賃収入
約2400万円

●所有物件
2棟26部屋
＋4戸

取得物件一覧

妻と外壁、内装を一から決めて建てた思入れのある一棟です

2015年	神奈川県川崎市木造新築ワンルーム　14戸 北海道札幌市　木造戸建て（学童保育として賃貸）　1戸
2017年	東京都足立区 鉄骨新築ワンルーム　12戸
2018年	北海道札幌市 ファミリーマンション　3戸

「家主と地主」と「全国賃貸住宅新聞」に女性向け特集で収納とカラーリングで取り上げていただけました

――サラリーマン時代は毎日が数字に追われる仕事をしていた小田切さん。将来に不安はなかったのでしょうか。

「若い頃は良かったのですが40歳を過ぎてくると、外資系企業の営業という立場から、業績が悪くなるといつ早期リストラされるか分からない。そんな環境の会社でありましたので、後半はどのように人生設計をしていこうか、自分で道を切り開いていかなくてはと悩んでいました」

――そんなサラリーマンの現役時代に、将来の夢はどう考えていたのですか？

「趣味で30年間、日本酒会を主催していましたので、定年した時に、その趣味の世界の延長で、日本酒を大きく広める活動ができればと緩く考えていました」

――その時の小田切さんが目標とするモデルとしては、定年までしっかり働く、定年してから趣味の日本酒を広める活動をしていきたい、そう考えていらっしゃったのですね？

「40代の頃はそのように考えていました。そんな私に転機が訪れたのは、会社の先輩でもある白井さんの存在があります。不動産で大成功されてサラリーマンを卒業した後も順調に買い進められているお姿を間近で見ていたので、それを参考に判断しました」

――なるほど、ありがとうございます。小田切さんから最初にご連絡いただいたのをよく覚えています。順調に準備ができて良かったなと思います。

「おかげさまで不動産投資をはじめることができて、昨年の54歳で会社を退職しました。これから先は海外と日本の若者に日本酒の素晴らしさを広めていきたいのですが、IBMの現役の頃から不動産を始めたことによって、収入のベースが今は安定しております。

退職してからすぐ日本酒を販売する会社を起こしました。この会社は国内外の飲食店向けに厳選した日本酒をお届けする、趣味を実業にする形で始めております」

――趣味のつもりだったのが実業になって、社会貢献をしていって、自分の夢も叶えていく。目標が明確になってそれに向かって走っている小田切さん。

趣味を実業にしたい人は大勢いると思うのですが、それで生活がしていけるのかどうかで躊躇されるケースも多いと思います。小田切さんの良かった点は、不動産で収入の柱があることです。気持ちの点で退職は大丈夫だったのでしょうか？

「まず家族を養っていく収入があることが、気持ちの安定につながります。経済面での土台がある新しい事業の方も安心して時間をかけられる状態が作れました」

――小田切さんもサラリーマンをしている時代に収益不動産を買って、辞める前にサラリー＋収益不動産の収入があったのですね！　そのタイミングでサラリーマンを現役でしているのは、どのような心境でしたか？

「外資系にいましたので、常に業績を厳しく見られています。成績はもちろん、給与に直結するため、当時はかなり気をはって活動していました。不動産からの収入プラスアルファになり、大変気持ちが安定しました」

――収益不動産を買い始めた当初は、どのような心境でしたか？

「やはり家族の理解と協力が必要です。我が家では納得してもらうまでに時間がかかりました。私は仕事上、大きな金額を扱っているので、一棟物の価格にもそれほど驚きませんでしたが、妻はそんな大金を見たこともないので、本当に大丈夫なのかと心配されたところから始まりました」

――今の人生プランについてお聞かせください。

「今は不動産をコツコツ増やしているところです。大家業についても継続して大きくなっていきたいと思っています。また、不動産収入をベースにして始めた日本酒の事業が順調に進んでおり、来年2月には日本酒に関する本の出版も決まりました。

海外に向けて販売するにあたり、吟天プライベートブランドの日本酒を作るところまで進んでいます。これを今後5年、10年と吟天プライベートブランドが大きく羽ばたいていけるようにしたいと思っています。

大家業も日本酒の事業も、自分に元気で意欲さえあれは続けられる仕事です。一生涯前線で、現役を信念に、大家業と日本酒の海外啓蒙、日本の酒蔵の継承と米農家の発展に寄与する活動をしていきたいです」

――大きな夢に向かって行くのはすばらしいですね！　夢を実現化するためのベースに、家賃収入があることを心強く感じているそうです。小田切さんとは長い付き合いですが、今後ともよろしくお願いします！

サラリーマン投資家　リアル成功例⑤

不動産投資をきっかけに大手IT企業から事業家への転身

鈴木 陽一 氏

プロフィール

◇49歳
◇現職：経営者・2017年会社設立
　前職：大手IT企業　・入社年：2006年

サラリーマン時代に構築した不動産収入をベースに、かねてからの夢であった新分野での起業を決意。

●資産規模
約5億円

●年間家賃収入
約4500万円

●所有物件
4棟65戸

取得物件一覧

初めて購入したRC物件

2013年　神奈川県横浜市 鉄筋コンクリート造（築25年）ワンルーム27戸
2013年　神奈川県横浜市 木造新築ワンルーム10戸
2014年　神奈川県横浜市 木造新築ワンルーム14戸
2015年　東京都江戸川区 木造新築ワンルーム14戸

4棟目に購入した新築デザインアパート

――サラリーマン時代に副業としてスタートした不動産からの収益を得ながら新しいビジネスを起こした鈴木さん。サラリーマンのころから、将来のビジョンはあったのでしょうか。

「サラリーマンとはいえ、とても安定している状況とは言えませんでした。そういう意味では常に漠然とした不安がありました。
　自分の思考としては、マイホームを購入して将来設計する・・・という考えも馴染みませんでした。もともと起業することを考えていたので、どんな形であるにせよ独立したかったのです。そうはいっても一歩踏み出す勇気が持てず、なかなか実践を図れませんでした」

――たしかにサラリーで生活していると、給与が無くなる状態を想像するのは難しいです。

「分かってはいるのですが、なかなか想像ができません。ぬるま湯に浸かっているイメージです。でも私には、『独立をして生計を立てる』という夢がありました。当時はまだ具体的ではありませんでしたが、自分の考えが右に行ったり、左に行ったりして迷い続けていました」

――そんな鈴木さんですが、仮に給料が無くなったとしても、別の収入の柱があれば夢である独立もできる。そう考えて自分なりに研究した結果、1つの選択肢として収益不動産がありました。

「大きなフレームとして5年や10年スパンで考えたとき、まず55歳までが『稼ぐ時』と考えています。その次の55歳から65歳の10年間、これは『使う時』ですね。そこに向かってまずは目いっぱい働いて稼ぎたいです。

65歳から80歳までを考えると、これは『遺す時』です。子どもなど後継者に物や私の考えをバトンタッチしていけたらいいなと。そんなフレームワークで考えています」

――この時間の切り方は素敵です。男としてできたら最高だと思います。このイメージを具体論に落とし込むことで、常に前向きに生きていけるのではないでしょうか。

このような考え方は、サラリーマンでサラリーをもらっている時から身に着けていたのですか？

「それは難しいですね。なぜなら会社では、自分でコントロールできないことが多すぎます。結果として、やっているうちに現実的ではないなと気持ちが萎えてしまいますよね。ですからサラリーマン時代は、そのようには考えられませんでした。

今であれば、どんなことであれ具体的に考えることができます。むしろ今は『具体的なことを考えざるを得ない』というのが正しいのかもしれませんね」

――鈴木さんは独立して将来のビジョンが開けたケースで、すごく良い人生設計です。確かにこのように考えられるのは、サラリーマンを辞めるタイミングである程度の収益不動産を所有しており、収入を確保できた上で事業に望まれたからでしょう。それが今は波に乗ろうとしているから、このように考えられるのかもしれません。

「それもありますし、当然なのですがサラリーマンでも自営でも大変ですよね。自分でも分かっていなければ前に進めないでしょう。ましてや、このようなチームや会社や仲間に対して、自分の姿勢を見せていかないと進んで行けない。そのためにもロードマップが必要なのかなと思います」

――おっしゃる通り、人生の地図は大事です。自分の人生のロードマップだから自分で決めるべきです。サラリーマンだけやっていると、自分の人生のロードマップなのに会社が敷いてくれたレールを、どれだけのスピードで走るかくらいしかありません。

「もちろん、できないというわけではないですし、実際にそのように歩まれている方もいますからダメだと否定するわけではありません。しかし、人生の自由度を高めていくためには、ロードマップを自分自身でつくっていくことになると思いますよ」

――今は独立されて起業して、ビジネスが前に進みはじめている状況の鈴木さん。将来の夢は叶うと決めて動くと断言されています。

そんな順調な鈴木さんは、サラリーマン時代と不動産投資を始めて軌道に乗ってからのマインドにどのような変化があったのか聞いてみました。

「変化は大きく現れましたよ！　いろいろと他の知識や体験とか、そういうものを吸収する余裕が出てきました。闇雲に何かを求めて、ただ情報収集をするだけではなく、自分に何ができるのか明確な目標を持って情報収集をすることができるようになりました。その一方で、思考停止したり行動停止するのはいけないと感じてます」

——もうちょっと具体的に言うと？

「不動産から収入が得られたのはいいけれど、それは手段の1つなのに目的になってしまっている人も見受けられます。それを見たときに、自分としては目指しているところではないですが、確かに人間だからそうなってしまうことはあるのかもしれません。手段と目的を間違えない、そこは気をつけなければと気を引き締めました」

——例えば不動産でこれだけ買えたからもういいとか、そういう意味ですか？

「そうです。後は何のためにやっているのか。ただ会社を辞めるだけ、脱サラするだけの不動産でもいいのですが、その後に何をするのかは決めておいたほうがいいです。もちろんアクティブな方も多くて、そういうコミュニティに私は寄って行きました」

――その考えには私も強く同感します。最後に今感じていること、目標にしていることを教えてください。

「不動産を持とうとした目的を常に忘れないようにしようと戒めています。そこでベースができて、また新たなことにチャレンジしていく・・・その繰り返しだと思っています。実は事業に関しても、また次のことをやりたいんです（笑）。それを『稼ぐ時』に実現したいです。それの積み重ねですね！

私の場合でいえば、ポートフォリオのベースに不動産があって、次に今手がけている事業があって、またその次の事業を成功させる・・・そんな形でやっていけたら最高です。

そうやって人生がどんどん広がっていくと思っています。そういう意味では40歳で踏み出せたのは、ある方から背中を押してもらったのが大きいのですが（笑）。非常に良かったと感謝しています」

――こちらこそ、鈴木さんとの友情にいつも感謝しています。是非これからも一緒に前進していきましょう！

サラリーマン投資家　リアル成功例❻

途上国の子どもたちの教育に貢献する！夢の実現のために不動産投資を開始

ポコ 氏

--- プロフィール ---

◇50代
◇現職：専業大家（前職：サラリーマン　2018年退職）
1985～2018年までサラリーマンとして2つの職場に勤務。2018年より専業大家となる。

●資産規模
約6億円

●年間家賃収入
約7000万円

●所有物件
アパマン6棟と
戸建9棟、計103戸

取得物件一覧

2014年、はじめて購入した築古戸建

2018年に購入した新築アパート

2011年　東京都多摩市 鉄筋コンクリート造（築25年）1K、2DK 34戸
2012年　神奈川県川崎市 木造（新築）ワンルーム8戸
2012年　千葉県船橋市 木造（築17年）2DK 8戸
2014年　神奈川県横須賀市 木造（築39年）2DK 4戸
2015年　千葉県千葉市 鉄骨造（築27年）1K 17戸
2018年　東京都葛飾区 鉄骨造（新築）ワンルーム 23戸
2014～2019年　神奈川県・千葉県・茨城県・山梨県にて築古木造を9棟

――ポコさんが最初に不動産を購入されたのは２０１１年。かれこれ8年になりますが、安定し運用をされています。２０１８年より専業大家となりましたが、サラリーマン時代に不安はなかったのでしょうか。

「サラリーマンとして最初の仕事に従事していた頃は、目の前の仕事で手いっぱい。将来のことは、『がんばって60歳まで働けば、優雅な年金暮らしが待っているはず』と楽観視していました。

46歳の時、長年の夢であった仕事につくために転職しました。とても魅力的な仕事でしたが収入は半減。長引く不況の中、本当にこれで大丈夫だろうか？　という不安が少しずつ首を持ち上げてきました」

――確かに私たちの年代は年金がもらえるはずだったのに、直前でルール改訂が続きました。

「以前は60歳から受給開始でしたが、65歳に変更となりました。経過措置がとられたものの、ちょうど私の年代から60～65歳の支給が完全にゼロとなります。

それと引きかえに定年が延長されましたが、60歳を超えると給与は半減するのが現実。年金の支給額も減る一方でしょうから、優雅な年金暮らしはどこへやらですね」

——そんなポコさんはサラリーマン時代、60歳以降の将来の夢はありましたか？

「60歳以降は孫に囲まれて気楽な日々を過ごすものと考えていました。ですが、転職したことで夢がひとつ実現すると、『途上国の子どもたちの教育に貢献したい』という新たな夢を抱くようになりました」

——私は今58歳になりましたが、同年代の友達で今の賃金状態や雇用状態のままで、次のステップに進もうと思うと、もうお金が足りなくて新しいことができません。そんな人がとても多いです。そうした状況の中、ポコさんの転機は何だったのでしょうか？

「新たな夢を実現するためには、安定した収入源と自由に使える時間が必要です。が、サラリーマンの延長線上にいたのでは、その実現は極めて難しいと思いました。収入は減る一方だし、年金が支給される65歳まで働き続けなくてはならないからです。65歳でようやく時間的な自由を得たとしても、今度は体力的な不安が生じます。

こんな漠然とした思いを白井さんに打ち明けたとき、不動産を強力に勧めていただいたことが、私の人生の大きな転機となりました」

――ポコさんの変化にかかわることができて、とても光栄です。60歳から80歳までの生き方を決めていますか？

「今までの仕事が外資系企業と教育関係だったので、その経験を生かして、途上国の子どもたちの教育に少しでも貢献できたらいいなと思っています」

――55歳で2つ目の会社を辞められているので、国際貢献の仕事をやられてからまだ数年ですが、不動産からの収入で基礎的な生活が成り立ちます。

そのため「国際貢献の仕事からの収益はあてにしていません」と断言されており、安定した収入源が別にあって、やりたいことをやれるベストな状態だそうです。人間関係とは不思議なもので、お金が裏や表で絡んでいる人間関係と、そうでない人間関係は違いますね。

「そのとおりだと思います。特に新しいこと始めるときは、できるだけ利害が絡んでいない人間関係でやる方が楽しいし、結果的に良い仕事ができるのではないでしょうか」

――将来の夢は叶いそうですか？

「まだ始めたばかりなので何とも言えませんが、夢を持ち続けられるのはとても幸せなことなので、あせらずに追い求めます。今の夢が実現できたら、また新たなことにチャレンジしたいですね。いつまでもワクワクしながら生きて行きたいものです」

――素晴らしいと思います。ポコさんのケースでいうと、2つ目の会社にお勤めのときに不動産を始められて、そのときの給与と不動産から入ってくる収入の両方あったわけですよね？

「はい、不動産収入があるおかげで、「いつクビになっても平気」という心の支えがある状態でした。なので、自分が正しいと思うことを堂々と主張できます。理不尽なことにはきっぱりノーと言い、関わりたくない人間関係はバッサリと切ることもできます。

正しいと信じることをやった結果でクビになるなら上等じゃないですか。そういう気持ちで働いていると、良い結果がついてくるように思います。しっかりした副収入があるのは本当に無敵ですね」

——不動産投資を進めるにおいて、つまずきはありませんでしたか？

「億単位の借金に対する不安が最大のハードルでした。とはいえ、私の場合は先に白井さんが走ってくれていたので恵まれていました。自分のお手本となる人や、信頼できる仲間がいると不安もやわらぎます」

——その通りです。腹を割って話せる仲間の存在はとても重要です。さて、そんなポコさんの今の人生プランをお聞かせいただけますでしょうか。

「サラリーマンを卒業して、時間、場所、人間関係の自由を手に入れました。これから先も自分のやりたいこと、好きなことをライフワークにできたらいいなと思います。白井さんと一緒に80歳まで現役でいたいです」

――ライフスタイルは、今どのように送られていますか？

「もともと旅好きなので、1年の1／3くらいは仕事を兼ねて海外で過ごしています。日本にいるときは、運動がてら所有物件の草刈りやリフォームなどをします。リフォームと言っても、ペンキ塗りや壁紙貼りなど簡単で楽しい部分だけ。難しいことや面倒くさいことはプロにお任せです（笑）」

――海外で無駄遣いをしなければ、それほどお金はかからないのですが、お金の余裕と気持ちの余裕がないとできないですね。

「時間、場所、人間関係の自由を手に入れたとしても、お金に余裕がなければ暇を持て余すだけです。もちろんお金がすべてではありませんが、気持ちの余裕をもつためにも、年金以外の安定収入を得る仕組みを持つことは、人生１００年時代において極めて重要なことだと思います」

――それがなかったら何もできないと思います。ただ縮こまって日々生活するだけ。いつまでもイキイキしていたいというポコさん。これからも末永いお付き合いをよろしくお願いします！

おわりに

本書は、サラリーマン時代の40代～50代をどう行動すれば、Ｈａｐｐｙな１００歳を迎えられるかについてご説明してきました。

私に今の幸せがあるのは、40代で行動を起こしたからにほかなりません。

「60歳定年までがんばって働けば、80歳までの老後生活は大丈夫！　だからこの会社で頑張りなさい」

そう言い聞かされて、昭和時代の私のサラリーマン人生がスタートしたのは36年前です。あれから時代も大きく変わりました。

医療の発展から長寿になり、今は「人生１００年」と言われています。何も考えず何の準備もしていなければ、60歳の定年を間際に、収入のあてがない、60歳から80歳までの空白の20年が待っています。

さらに１００歳まで・・・そう考えるとあと40年もの人生が待っています。

サラリーマンとして働いた期間より長い第二の人生です。しかし、サラリーマン時代に積み立てた貯金・年金でまかなえる年月ではありません。

残念ながら、令和時代からのサラリーマンは、真面目に会社に尽くしても報われない方がさらに多くなっていくでしょう。

自分の人生は誰のものでもなく自分のもの。幸せは自らつかみとりにいかなければ、得られない時代となったのです。


そうはいっても、本文で述べた通り、サラリーマン時代は、将来のための貯金よりも現実の生活が優先されることは私も経験しました。特に負担が大きいものとして「子どもの教育費」「親の介護費用」があります。

私は娘たちへの教育費を惜しまず育て上げることができました。幸いにも順調に成人して、私たち夫婦のもとを巣立っていきました。今では可愛い孫にも恵まれ、事業の承継の準備も進んでいます。

また、両親も高齢ながら元気に東京暮らしを満喫しています。大きなトラブルはなかったものの、家業を廃業するという、サラリーマン家庭では起こらない事態に遭遇しましたが、手持ちの資金でまかなうことができました。

これは全て、40代の時の決断と不動産投資に出会えたおかげと言えるでしょう。

昨今、不動産投資といえば「シェアハウスの破綻」「銀行の不正融資問題」「アパートメーカーの違法建築」などネガティブな話題が続いており、良いイメージがありません。

さらに、融資の受けにくさから「今からなんてできないのではないか」と考えている人が多いように見受けられます。

そこで本書では、不動産投資を10年単位の長期スパンでとらえ、春夏秋冬の四季に割り振ってご説明しました。繰り返しになりますが、融資の厳しい「冬」の現状は、準備の時期です。

寒さを乗り越えれば、暖かい春がやってくるのです。

むしろ融資が受けやすく、誰でも簡単に物件を購入できた2~3年前のほうが失敗者も続出しています。不動産投資は事業ですから、何の知識もビジョンもなくいきなり飛び込んでは大怪我をする可能性が高いのです。しかし、きちんと知識を蓄え成功するためのモデルを知ってさえいれば、失敗しにくいのも従来の事業と同じと言えます。だからこそ、冬の今のタイミングにじっくりと準備を進めましょう。

40代で行動を起こせば、「春」の訪れを気長に待っていても十分に間に合います。決して焦って無理な季節に不動産投資を始めないようにお気をつけください。

最後に本書の執筆にあたり、ご支援いただいた方々に感謝の言葉を述べたいと思います。

構想をまとめるにあたり、50名以上の先輩、同僚、後輩の皆様にお時間いただき、現在の環境及び我々でとるべきアクションをまとめることができました。

突然のご連絡で驚かれた方もいらっしゃると思います。取材と言わずに会っていただいたので、本書をみて「なるほど、これを聞きたかったのね」と思われた方も多いと思います。ご協力本当にありがとうございます。そして、これからもよろしくお願いいたします。

私の不動産賃貸事業を支えていただいているパートナーの皆様、いつも本当にありがとうございます。執筆にあたり、この10年間の不動産事業にまつわる様々な出来事を振り返り、さらに感謝の念が強くなりました。今後も皆様と共に前進したいと思いますので、引き続きご指導よろしくお願いいたします。

そして、所属している複数のコミュニティを通じて知り合った皆様。いつも近くにいて、良い刺激をありがとうございます。不動産賃貸業の成長は、自分が「このくらいでいいや」と思った瞬間に停滞してしまいます。みなさまの貪欲でアグレッシブな姿をみて「ボクも、もっと頑張る」と新たなやる気をいただいています。これからもぜひ一緒に成長していきましょう！

また、前作に続き2作目の企画も採用してくださった版元のごま書房新社様、原稿製作のお手伝いをしてくださったライターの布施ゆきさん。この度も大変お世話になりました。

最後に、私の家族にお礼をつたえさせてください。

両親ががんばって育ててくれたおかげで、今日の私があります。ぜひ、幸せな老後生活を楽しんでください。その生活を側面から支えてくれている姉・妹にもとても感謝しています。

可愛い孫とともに近くで生活してくれている長女夫婦・次女夫婦のおかげで、暖かな笑い声がいつもひびいています。自らもアパートオーナーとなり、不動産の相談にも前向きにのってくれるので、とても心強いです。本当にありがとう。

結婚して33年。家庭での時間が極端に短いモーレツサラリーマンだった私についてきてくれた妻には、深く感謝しています。専業大家になってからも、出張等で家を空けることが多い中、しっかり家族を守ってくれているので、今の私が存在しています。

いつもありがとう。

そして、たくさんの本の中から、本書を選んでいただいた読者の皆様に、もう一度お礼申し上げます。皆様の人生において、私の経験が少しでもお役にたてば幸せです。

皆様が「Ｈａｐｐｙな人生」を迎えられることを心よりお祈りしています。

白井 知宏

２０１９年　11月吉日

・著者プロフィール

白井 知宏（しらい ともひろ）

1961年生まれ神奈川県出身。学習院大学経済学部を卒業後、日本IBMに入社。時代に恵まれ若手時代より数々のプロジェクトを成功に導く。その後、事業譲渡によりat&tグローバルサービスに転籍し取締役を務める。3年後、再度日本IBMに転籍するが、年齢的な問題でリストラ勧告を受ける。人生後半は「衣食住を通じて貴方のしあわせに貢献」のミッションを叶えるために51才にて早期退職、専業大家としての道を進む。また、知人と共にコミュニティを運営し、280名の幅広い年齢層の仲間たちを不動産投資により「人生の夢」実現に向かって前進させている。

不動産投資活動は、IBM勤務時代の2007年に1ルームマンションからスタートし、2012年の退職時には家賃年収5000万円以上を確立。現在では、新築マンション・アパート中心に20棟213室、家賃年収2億円と規模を拡大中。

2018年、サラリーマン大家への貢献が評価され、東久邇宮記念賞・文化褒賞受賞。著書に、『元外資系サラリーマンの家賃年収「1億円」構築術』（ごま書房新社）。フェラーリ・カリフォルニアt, BMW・ツーリングワゴンの愛車と共にHappy人生を満喫中。

・Facebook［白井知宏］
https://facebook.com/tomohiro.shirai2　※仲間随時募集中
・白井知宏公式サイト
https://www.shiraitomohiro.com

元外資系サラリーマンがおこなう！
40代から始めて100歳まで
Happyに生きる不動産投資術

著　者　　白井 知宏
発行者　　池田 雅行
発行所　　株式会社 ごま書房新社
〒101-0031
東京都千代田区東神田1-5-5
マルキビル7F
TEL 03-3865-8641（代）
FAX 03-3865-8643
カバーデザイン　　堀川 もと恵（@magimo創作所）
編集協力　　布施 ゆき
印刷・製本　　精文堂印刷株式会社

ISBN978-4-341-08750-0 C0034

ごま書房新社の本

マスコミで話題の家賃
年収1億円ママ第5弾！

〜初心者も必読！
さらに手残りを増やす不動産投資術〜

家賃年収1億円ママ、今度は“自主管理”でキャッシュフローをドンドン増やしています！

内本 智子　著

【買えない時代は“利益”を増やそう！】

子育てをしながらでも“資産約16億円、8棟132室”を運営中のママ大家さん！ 自主管理歴1年で“手残り500万円アップ”達成！（利回りアップ）
最初の不動産投資からおこなえば、通常より早くお金持ちになる、初心者から熟練大家さんまで必読の一冊！

本体1550円＋税　四六版　200頁　ISBN978-4-341-08743-2　C0034

“なっちー流”
3作目ついに完成！
大好評・発売
たちまち話題！

〜小さな不動産投資を重ねて
“HAPPY人生”をつかむ方法〜

コツコツ月収80万円！主婦大家“なっちー”の小さな不動産投資術。

主婦大家さん　舛添 菜穂子（なっちー）　著

**【話題の主婦が、
家賃月収80万円になってパワーアップ！】**

知識なし、銀行融資なし、少額貯金から成功した“なっちー流”公開。フツーの主婦が「戸建て7戸」「マンション3室」「団地3室」「アパート1棟」を次々と購入した方法とは!　初心者向け6つの不動産投資術で、ちいさく始めてどんどん収入を増やすノウハウを学べる一冊。

本体1480円＋税　四六版　220頁　ISBN978-4-341-08723-4　C0034